第12版

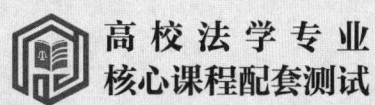

刑事诉讼法配套测试

试 题

教学辅导中心 / 组编　编委会主任 / 屈新

编审人员

屈　新　马浩洋

中国法治出版社
CHINA LEGAL PUBLISHING HOUSE

出版说明

"高校法学专业核心课程配套测试"丛书由我社教学辅导中心精心组编,专为学生课堂同步学习、准备法学考试,教师丰富课件素材、提升备课效率而设计。自 2005 年首次出版以来,丛书始终秉持"以题促学、以考促研"的编写理念,凭借其考点全面、题量充足、解析详尽、应试性强等特点,成为法学教辅领域的口碑品牌,深受广大师生信赖。

本丛书具有以下特色:

1. **适配核心课程,精设十六分册**。丛书参照普通高等学校法学专业必修课主要课程,设置十六个分册,涵盖基础理论、实体法、程序法及国际法等核心领域,旨在帮助学生构建系统的法学知识框架,筑牢理论根基,掌握法律思维。

2. **专业团队编审,严控内容品质**。由北京大学、中国人民大学、中国政法大学、北京航空航天大学、中国社会科学院、西南政法大学、西北政法大学、南开大学、北京理工大学等法学知名院校教师领衔编委会,全程把控试题筛选、答案审定及知识体系优化,确保内容兼具理论深度及实践价值。

3. **科学编排体系,助力知识巩固**。每章开篇设置"基础知识图解"板块,以思维导图形式梳理核心概念与法律关系,帮助学生快速构建知识框架。习题聚焦法学考试高频考点,覆盖单项选择题、多项选择题、不定项选择题、名词解释、简答题、论述题、案例分析题等常见题型,满足课堂练习、期末备考、法考训练、考研复习等需求。答案标注法条依据,详解解题思路。设置综合测试题板块,方便学生自我检测、巩固知识。

4. **紧跟法治动态,及时更新内容**。丛书依据新近立法动态进行修订,注重融入学科前沿成果,同时,贴合国家统一法律职业资格考试重点,强化实务导向题型训练,切实提升学生应试能力。

5. **贴心双册设计,提升阅读体验**。试题与解析分册编排,方便学生专注刷题,随时查阅答案,大幅提升学习效率。

6. **拓展功能模块,丰富学习资源**。附录部分收录与对应课程紧密相关的核心法律文件目录,帮助学生建立法律规范知识体系;另附参考文献及推荐书目,既明确了答案参考,亦为学生提供拓展阅读指引。

7. 附赠思维导图，扫码即可获取。购买本书，扫描封底二维码可下载课程配套思维导图，便于学生随时查阅、灵活使用，为学习提供更多便利与支持。

尽管本丛书已历经学生试用、教师审阅、编辑加工校对等多个环节，但难免存在疏漏和值得商榷之处。法学的魅力恰在于永恒的思辨。若您在研习过程中有任何问题或建议，欢迎发送邮件至 hepengjuan@zgfzs.com，与编委会共同交流探讨。我们将持续关注法学学习需求，以更开放的姿态完善知识体系，与广大师生共同推动本丛书内容的迭代优化。

"法律的生命不在逻辑，而在经验。"——愿我们在求索路上互为灯塔。

教学辅导中心

2025 年 8 月

《刑事诉讼法配套测试》导言

刑事诉讼法的学习需紧扣三大核心维度：其一，强化程序思维与制度框架。学习应以刑事诉讼阶段为主线，厘清公检法机关的分工制约与控辩审三方的动态关系，程序法定原则与证据裁判原则构成体系基石。其二，刑事诉讼法以精密程序规则为纲，需善用对比分析法辨明强制措施梯度、证明标准层次及审判程序功能差异。其三，程序正义与实体正义并重，既要掌握法律规范的目的解释，更要精通证据合法性审查与非法证据排除的实践逻辑。

针对不同考核目标需差异化备考。国家统一法律职业资格考试侧重程序操作与证据实务，突出非法证据排除规则的适用、二审程序对一审错误的纠正机制，以及死刑复核的监督逻辑等实战能力。相较而言，高校刑事诉讼法学专业考试更注重基础制度的体系化掌握，如立案管辖的划分依据、辩护权保障的法定程序、审判监督的启动条件等核心知识点。明确考核重心方能精准分配学习资源。

本书通过结构化设计实现学习效能跃升。在新知探索阶段，可借助程序流程图厘清各环节衔接节点，结合强制措施对比表辨析规则差异，同步完成配套习题以定位知识盲区。进入备考冲刺期，则应运用跨章节思维导图串联碎片知识，依托全真模拟卷限时演练案例分析题，强化对法考特有题型的应试敏感度。本书设置的程序规则辨析题、权利保障论述题、证据链分析题等五大题型，形成"规则记忆→漏洞识别→价值权衡"的进阶路径，建议严格遵循"定位程序阶段→核查主体权责→验证证据合法性→输出合规结论"的四步推演法，实现从知识复现到程序正义思维的质变。

须动态追踪司法改革前沿。本书虽以《刑事诉讼法》及新近司法解释为基准，但刑事程序始终处于发展之中——涉案财物处置程序强化了财产权保障，电子证据规则直击数字货币犯罪取证难点。未来在大数据侦查的法律边界、人工智能辅助量刑的伦理规范等前沿领域，刑事诉讼制度将持续演进。唯有保持对立法动态的敏锐度，方能把握程序正义的时代内核。

刑事诉讼法的终极价值体现于惩治犯罪与保障人权的精密平衡。期待您在程序规则与证据分析的思辨之旅中，深刻体悟正当程序对法治文明的基石意义。

目　录

第一章　概　述 1
　　基础知识图解 1
　　配套测试 1
第二章　刑事诉讼法的历史发展 5
　　基础知识图解 5
　　配套测试 5
第三章　刑事诉讼的基本范畴 7
　　基础知识图解 7
　　配套测试 7
第四章　刑事诉讼中的专门机关 9
　　基础知识图解 9
　　配套测试 10
第五章　诉讼参与人 12
　　基础知识图解 12
　　配套测试 12
第六章　刑事诉讼的基本原则 18
　　基础知识图解 18
　　配套测试 18
第七章　管　辖 24
　　基础知识图解 24
　　配套测试 25
第八章　回　避 31
　　基础知识图解 31
　　配套测试 31
第九章　辩护与代理 36
　　基础知识图解 36
　　配套测试 36
第十章　证据概述 45
　　基础知识图解 45
　　配套测试 45
第十一章　证　明 53
　　基础知识图解 53
　　配套测试 53
第十二章　证据规则 57

基础知识图解 57
　　配套测试 57
第十三章　强制措施 60
　　基础知识图解 60
　　配套测试 60
第十四章　附带民事诉讼 69
　　基础知识图解 69
　　配套测试 69
第十五章　期间、送达 74
　　基础知识图解 74
　　配套测试 74
第十六章　刑事诉讼的中止和终止 78
　　基础知识图解 78
　　配套测试 78
第十七章　立　　案 80
　　基础知识图解 80
　　配套测试 80
第十八章　侦　　查 84
　　基础知识图解 84
　　配套测试 84
第十九章　起　　诉 92
　　基础知识图解 92
　　配套测试 92
第二十章　第一审程序 101
　　基础知识图解 101
　　配套测试 101
第二十一章　第二审程序 111
　　基础知识图解 111
　　配套测试 111
第二十二章　死刑复核程序 120
　　基础知识图解 120
　　配套测试 120
第二十三章　审判监督程序 125
　　基础知识图解 125
　　配套测试 125
第二十四章　执　　行 129
　　基础知识图解 129
　　配套测试 129
第二十五章　特别程序 137
　　基础知识图解 137
　　配套测试 138

综合测试题一 ·· 145
综合测试题二 ·· 148
附录一　刑事诉讼法学习所涉及的主要法律文件 ·· 151
附录二　参考文献及推荐书目 ·· 153

第一章 概 述

基础知识图解

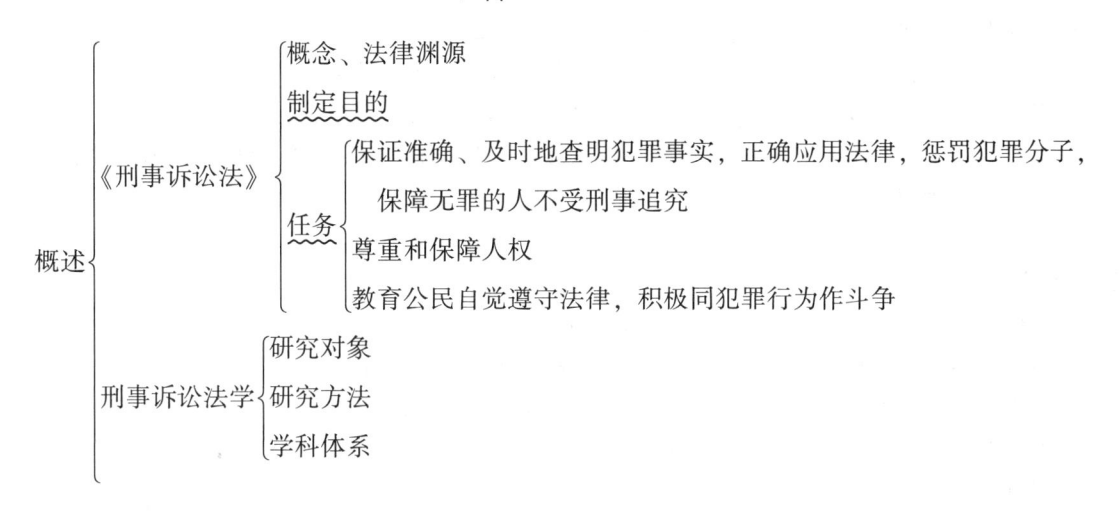

概述
├─《刑事诉讼法》
│   ├─ 概念、法律渊源
│   ├─ 制定目的
│   └─ 任务
│   ├─ 保证准确、及时地查明犯罪事实，正确应用法律，惩罚犯罪分子，保障无罪的人不受刑事追究
│   ├─ 尊重和保障人权
│   └─ 教育公民自觉遵守法律，积极同犯罪行为作斗争
└─ 刑事诉讼法学
    ├─ 研究对象
    ├─ 研究方法
    └─ 学科体系

配套测试

单项选择题

1. 关于《宪法》同《刑事诉讼法》的关系，下列表述正确的是（　　）。
A. 抽象与具体的关系　　　　　　　　B. "母法"和"子法"的关系
C. 包含与被包含的关系　　　　　　　D. 实体法与程序法的关系

2. 狭义的刑事诉讼是指（　　）。
A. 人民法院对刑事案件的审判活动　　B. 人民检察院的起诉活动
C. 公安机关的侦查活动　　　　　　　D. 侦查、起诉和审判活动的总称

3. 社会主义法治公平正义的实现，应当高度重视程序的约束作用，避免法治活动的任意性和随意化。据此，下列哪项说法是正确的？（　　）
A. 程序公正是实体公正的保障，只要程序公正就能实现实体公正
B. 刑事程序的公开与透明有助于发挥程序的约束作用
C. 为实现程序的约束作用，违反法定程序收集的证据均应予以排除
D. 对复杂程度不同的案件进行程序上的繁简分流会限制程序的约束作用

4. 社会主义法治要通过法治的一系列原则加以体现。具有法定情形不予追究刑事责任是《刑事诉讼法》确立的一项基本原则，下列哪一案件的处理体现了这一原则？（　　）
A. 甲涉嫌盗窃，立案后发现涉案金额为400余元，公安机关决定撤销案件
B. 乙涉嫌抢夺，检察院审查起诉后认为犯罪情节轻微，不需要判处刑罚，决定不予起诉
C. 丙涉嫌诈骗，法院审理后认为其主观上不具有非法占有他人财物的目的，作出无罪判决

D. 丁涉嫌抢劫，检察院审查起诉后认为证据不足，决定不予起诉

5. 《中共中央关于全面深化改革若干重大问题的决定》提出"让审理者裁判、由裁判者负责"。结合刑事诉讼基本原理，关于这一表述的理解，下列哪一选项是正确的？（　　）

A. 体现了我国刑事诉讼职能的进一步细化与完善

B. 体现了刑事诉讼直接原则的要求

C. 体现了刑事审判的程序性特征

D. 体现了刑事审判控辩式庭审方式改革的方向

6. 下列关于刑事诉讼职能的说法正确的是（　　）。

A. 无论是公诉案件还是自诉案件，被害人均承担控诉职能

B. 检察机关只有在审理阶段才能对有利于被告人的量刑事实行使控诉职能

C. 某证人出庭证明被告人的口供系刑讯逼供所得，其承担的是辩护职能

D. 公安机关侦查终结的案件移送检察院审查起诉，检察院排除了其非法取得的证据，检察院此行为体现的是控诉职能

多项选择题

1. 刑事诉讼、民事诉讼和行政诉讼的主要区别有（　　）。

A. 起诉制度上的差别　　B. 解决实体问题的差别

C. 执行程序上的差别　　D. 陪审制度上的差别

2. 下列内容中属于刑事诉讼法任务的有（　　）。

A. 惩罚犯罪分子

B. 教育公民自觉遵守法律，积极同犯罪行为作斗争

C. 维护社会主义法制

D. 保障无罪的人不受追究

3. 刑事诉讼法的独立价值之一是具有影响刑事实体法实现的功能。下列哪些选项体现了这一功能？（　　）

A. 被告人与被害人达成刑事和解而在法院量刑时从轻处理

B. 因排除犯罪嫌疑人的口供，检察院作出证据不足不起诉的决定

C. 侦查机关对于已超过追诉期限的案件不予立案

D. 只有被告人一方上诉的案件，二审法院判决时不得对被告人判处重于原判的刑罚

4. 关于刑事诉讼价值，下列哪些说法是正确的？（　　）

A. 刑事诉讼法规定了证明责任和证明标准，为规范定罪量刑提供了标准，这体现了工具价值

B. 刑事诉讼的效益价值体现为最大化地追求高效率办理案件

C. 刑事诉讼法为未成年人专门设置了特别程序，这体现了独立价值

D. 刑事诉讼有序追究犯罪和惩治犯罪，体现了秩序价值

5. 关于刑事诉讼基本原则，下列哪些说法是正确的？（　　）

A. 体现刑事诉讼基本规律，有着深厚的法律理论基础和丰富的思想内涵

B. 既可由法律条文明确表述，也可体现于刑事诉讼法的指导思想、目的、任务、具体制度和程序之中

C. 既包括一般原则，也包括独有原则

D. 与规定具体制度、程序的规范不同，基本原则不具有法律约束力，只具有倡导性、指引性

6. 关于刑事诉讼的秩序价值的表述，下列哪些选项是正确的？（   ）
   A. 通过惩罚犯罪维护社会秩序
   B. 追究犯罪的活动必须是有序的
   C. 刑事司法权的行使，必须受到刑事程序的规范
   D. 效率越高，越有利于秩序的实现
7. 二审法院发现一审法院的审理违反《刑事诉讼法》关于公开审判、回避等规定的，应当裁定撤销原判、发回原审法院重新审判。关于该规定，下列哪些说法是正确的？（   ）
   A. 体现了分工负责、互相配合、互相制约的原则
   B. 体现了严格遵守法定程序原则的要求
   C. 表明违反法定程序严重的，应当承担相应法律后果
   D. 表明程序公正具有独立的价值
8. 某市发生一起社会影响较大的绑架杀人案。在侦查阶段，因案情重大复杂，市检察院提前介入侦查工作。检察官在开展勘验、检查等侦查措施时在场，并就如何进一步收集、固定和完善证据以及适用法律向公安机关提出了意见，对已发现的侦查活动中的违法行为提出了纠正意见。关于检察院提前介入侦查，下列哪些选项是正确的？（   ）
   A. 侵犯了公安机关的侦查权，违反了侦查权、检察权、审判权由专门机关依法行使的原则
   B. 体现了分工负责、互相配合、互相制约的原则
   C. 体现了检察院依法对刑事诉讼实行法律监督的原则
   D. 有助于严格遵守法律程序原则的实现
9. 效率是刑事诉讼的基本理念之一，下列哪些选项体现了刑事诉讼的效率理念？（   ）
   A. 被告人人数较多、案情较为复杂的案件在正式开庭审理前可以召开庭前会议
   B. 检察机关可不经逮捕程序而直接起诉涉嫌交通肇事罪的犯罪嫌疑人
   C. 不满 18 周岁的犯罪嫌疑人符合条件的，可以适用附条件不起诉
   D. 辩护人可通过申请在法庭审理中播放特定时间段的讯问录像的方式，来调查口供收集的合法性

名词解释

1. 刑事诉讼
2. 刑事诉讼阶段
3. 诉讼效率
4. 刑事诉讼的历史类型
5. 刑事诉讼客体

简答题

1. 刑事诉讼的基本职能具有哪些特点？
2. 简述刑事诉讼程序的价值及程序公正的具体要求。
3. 试述刑事诉讼法与民事诉讼法的异同。

论述题

1. 马克思曾指出："在刑事诉讼中，法官、原告和辩护人都集中到一个人身上，这种集中是和心理学的全部规律相矛盾的。"

问：请运用所学过的刑事诉讼理论解析这句话。
2. 试论刑事诉讼基本理念中惩罚犯罪与保障人权的关系。
3. 试述司法公正与司法效率的关系。
4. 试论刑事诉讼价值、目的、结构和职能的关系。

第二章 刑事诉讼法的历史发展

基础知识图解

中国刑事诉讼法的历史发展
- 中国古代刑事诉讼制度概况
- 中国近现代刑事诉讼制度的发展
  - 清末的刑事诉讼立法活动
  - 北洋政府时期刑事诉讼制度的沿革
  - 新民主主义革命时期中国共产党领导的根据地与解放区刑事诉讼制度的沿革
- 中华人民共和国刑事诉讼法的产生与发展
  - 中华人民共和国成立初期刑事诉讼制度的发展
  - 《刑事诉讼法》的制定
  - 1996年《刑事诉讼法》的修正
  - 2012年《刑事诉讼法》的修正
  - 2018年《刑事诉讼法》的修正
    - 以审判为中心的诉讼制度改革
    - 认罪认罚从宽制度改革
    - 刑事速裁程序改革

配套测试

单项选择题

1. 刑事诉讼的历史类型可以划分为弹劾式诉讼、纠问式诉讼和混合式诉讼，这是以刑事诉讼的（　　）为标准进行划分的。
A. 本质特征　　　B. 法定形式　　　C. 本质内容　　　D. 表面特征

2. 唐朝《永徽律》中，规定如何控告犯罪内容的是（　　）。
A. 武德律　　　B. 捕亡律　　　C. 断狱律　　　D. 斗讼律

3. 关于我国刑事诉讼的构造，下列哪一选项是正确的？（　　）
A. 自诉案件审理程序适用当事人主义诉讼构造
B. 被告人认罪案件审理程序中不存在控辩对抗
C. 侦查程序已形成控辩审三方构造
D. 审查起诉程序中只存在控辩关系

多项选择题

1. 关于中国古代的起诉制度，下列哪些说法是正确的？（　　）
A. 设立专门的控诉机关

B. 起诉方式只有公诉和自诉两种
C. 起诉实际上是指司法机关开始审理案件的缘由或依据
D. 允许因亲属关系而相互容隐

2. 关于中国古代的审判制度，下列哪些说法是准确的？（　　）
A. 法官独任审判，实行两造审理原则
B. 八议制度在诉讼中也有所体现
C. 为平反冤错案件和解决久押不决的案件而实行录囚制度
D. 对于死刑案件，设立了特别程序加以复核

名词解释

1. 刑事诉讼构造
2. 弹劾式诉讼
3. 职权主义诉讼
4. 正当程序模式
5. 正当法律程序
6. 神示证据制度
7. 法定证据制度

简答题

1. 简述中国古代刑事诉讼制度的特点。
2. 简述当事人主义诉讼模式的主要特征。
3. 简述纠问式诉讼模式的特征。
4. 简述混合辩论式诉讼的特征。

第三章 刑事诉讼的基本范畴

基础知识图解

刑事诉讼的基本范畴
- 刑事诉讼目的
  - 惩罚犯罪
  - 保障人权
  - 惩罚犯罪与保障人权的关系
- 刑事诉讼价值
  - 秩序
  - 公正：实体公正与程序公正
  - 效益
- 刑事诉讼结构
  - 概念
  - 职权主义诉讼、当事人主义诉讼、混合式诉讼
  - 三角结构和线性结构
- 刑事诉讼主体
  - 专门机关：公、检、法等机关
  - 诉讼参与人
    - 当事人
    - 其他诉讼参与人
- 刑事诉讼职能
  - 控诉职能
  - 辩护职能
  - 审判职能
- 刑事诉讼行为
  - 概念
  - 分类
- 刑事诉讼阶段：概念及划分
- 刑事诉讼客体
  - 概念
  - 刑事案件的单一性
    - 起诉的效力：公诉不可分原则
    - 判决的效力：一事不再理
  - 刑事案件的同一性
    - 被告人同一
    - 公诉犯罪事实同一

配套测试

☑ 单项选择题

1. 人民检察院在刑事诉讼中承担的诉讼职能主要是（　　）。

A. 控诉职能　　　　B. 辩护职能　　　　C. 审判职能　　　　D. 监察职能

2. 关于刑事诉讼价值的理解，下列哪一项是错误的？（　　）

A. 公正在刑事诉讼价值中居于核心的地位

B. 通过刑事程序规范国家刑事司法权的行使，是秩序价值的重要内容

C. 效益价值属刑事诉讼法的工具价值，而不属刑事诉讼法的独立价值

D. 适用强制措施遵循比例原则是公正价值的应有之义

3. 在刑事司法实践中坚持不偏不倚、不枉不纵、秉公执法原则，反映了我国刑事诉讼"惩罚犯罪与保障人权并重"的理论观点。如果有观点认为"司法机关注重发现案件真相的立足点是防止无辜者被错误定罪"，该观点属于下列哪一种学说？（　　）

A. 正当程序主义　　　　　　　　　B. 形式真实发现主义

C. 积极实体真实主义　　　　　　　D. 消极实体真实主义

多项选择题

1. 我国刑事诉讼法的立法目的包括以下哪些内容？（　　）

A. 维护社会主义社会秩序　　　　　B. 惩罚犯罪，保护人民

C. 保证刑法的正确实施　　　　　　D. 保障国家安全和社会公共安全

2.《关于推进以审判为中心的刑事诉讼制度改革的意见》第13条要求完善法庭辩论规则，确保控辩意见发表在法庭。法庭应当充分听取控辩双方意见，依法保障被告人及其辩护人的辩论辩护权。关于这一规定的理解，下列哪些选项是正确的？（　　）

A. 符合我国刑事审判模式逐步弱化职权主义色彩的发展方向

B. 确保控辩意见发表在法庭，核心在于保障被告人和辩护人能充分发表意见

C. 体现了刑事审判的公开性

D. 被告人认罪的案件的法庭辩论，主要围绕量刑进行

名词解释

1. 刑事诉讼主体

2. 职权主义诉讼模式

3. 审判中心主义

简答题

1. 简述刑事诉讼中保障人权的基本含义。

2. 简述正当程序原则包含哪些内容。

第四章 刑事诉讼中的专门机关

基础知识图解

- 刑事诉讼中的审判机关：人民法院
  - 性质、任务和职责
  - 组织体系
    - 地方各级人民法院
      - 最高人民法院
      - 高级人民法院
      - 中级人民法院
      - 基层人民法院
    - 上下级是监督关系
    - 专门法院
      - 军事法院
      - 海事法院（无刑事案件管辖权）
      - 知识产权法院（无刑事案件管辖权）
      - 金融法院等（无刑事案件管辖权）
  - 审判组织
    - 独任庭：只适用于基层法院
    - 合议庭
    - 审判委员会
  - 人民陪审员制度：人民陪审员的任职条件、任免程序、挑选审理案件的范围、权利和义务、任职保障

- 刑事诉讼中的检察机关：人民检察院
  - 性质、任务和职责
  - 法律地位
    - 刑事侦查机关
    - 唯一的公诉机关
    - 专门的诉讼监督机关
  - 组织体系
    - 最高人民检察院
    - 地方各级人民检察院
    - 专门检察院
    - 上下级是领导与被领导关系

刑事诉讼中的侦查机关
- 1. 公安机关
  - 地位：公安机关是我国的专门侦查机关，负责绝大多数刑事案件的侦查工作
  - 组织体系：上下级是领导与被领导关系
- 2. 其他侦查机关①
  - （1）人民检察院。人民检察院对有关刑事案件行使侦查权（《刑事诉讼法》第19条第2款）
  - （2）国家安全机关
  - （3）军队保卫部门
  - （4）中国海警局
  - （5）监狱。监狱是国家的刑罚执行机关，是实现人民法院的生效裁判、对罪犯进行劳动改造的主要场所

配套测试

单项选择题

1. 某企业技术员刘某，因涉嫌间谍罪被有关部门立案侦查，继而被依法逮捕。下列说法正确的是（　　）。
A. 该案应由公安机关立案侦查
B. 该案应由人民检察院立案侦查
C. 对刘某的逮捕应由人民检察院批准
D. 对刘某的逮捕应由公安机关执行

2. 下列机关中不拥有侦查权的是（　　）。
A. 国家安全机关
B. 军队保卫部门
C. 人民检察院
D. 机关、人民团体和企事业单位的保卫部门

3. 有权批准或决定逮捕的机关是（　　）。
A. 公安机关、审判机关
B. 检察机关、公安机关
C. 检察机关
D. 审判机关

4. 人民法院上下级之间，在审判活动中的关系是（　　）。
A. 领导与被领导的关系
B. 监督与被监督的关系
C. 指挥与被指挥的关系
D. 制约与被制约的关系

多项选择题

1. 在刑事诉讼中，公安机关的职权主要有下列哪几项？（　　）
A. 立案权　　B. 侦查权　　C. 执行权　　D. 法律监督权

2. 以下属于地方各级人民法院的有（　　）。
A. 最高人民法院　　B. 中级人民法院　　C. 基层人民法院　　D. 人民法庭

3. 关于公、检、法机关的组织体系及其在刑事诉讼中的职权，下列哪些选项是正确的？（　　）
A. 公安机关统一领导、分级管理，对超出自己管辖的地区发布通缉令，应报请有权决定的上

---

① 需要指出的是，根据《监察法》第3条的规定，各级监察委员会是行使国家监察职能的专责机关，依照本法对所有行使公权力的公职人员（以下称公职人员）进行监察，调查职务违法和职务犯罪，开展廉政建设和反腐败工作，维护宪法和法律的尊严。据此，虽然不被视为侦查机关，但监察委员会承担了职务犯罪的主要调查职能。

级机关发布
- B. 基于检察一体化，检察院独立行使职权是指检察系统整体独立行使职权
- C. 检察院上下级之间是领导关系，上级检察院认为下级检察院二审抗诉不当的，可直接向同级法院撤回抗诉
- D. 法院上下级之间是监督指导关系，上级法院如认为下级法院审理更适宜，可将自己管辖的案件交由下级法院审理

4. 在刑事诉讼中，军队保卫部门、监狱、走私犯罪侦查机关对发生在各自内部的刑事案件都享有一定的侦查权，但监狱在刑事诉讼中还享有一些军队保卫部门、走私犯罪侦查机关所没有的职权，下列陈述中属于这类职权的有（　　）。
- A. 对罪犯的新罪行移送人民检察院处理
- B. 向人民检察院提出减刑、假释建议
- C. 对罪犯应予监外执行的，有权提出书面意见
- D. 对于罪犯提出申诉的，有权转交人民检察院或人民法院处理

5. 关于对法庭审理中违反法庭秩序的人员可采取的措施，下列哪些选项是正确的？（　　）
- A. 警告制止
- B. 强行带出法庭
- C. 只能在1000元以下处以罚款
- D. 只能在10日以下处以拘留

6. 某案件经中级人民法院一审判决后引起社会的广泛关注。为回应社会关注和保证办案质量，在案件由高级人民法院作出二审判决前，基于我国法院和检察院的组织体系与上下级关系，最高人民法院和最高人民检察院可采取下列哪些措施？（　　）
- A. 最高人民法院可听取高级人民法院对该案的汇报并就如何审理提出意见
- B. 最高人民法院可召开审判业务会议对该案的实体和程序问题进行讨论
- C. 最高人民检察院可听取省检察院的汇报并对案件事实、证据进行审查
- D. 最高人民检察院可决定检察机关在二审程序中如何发表意见

名词解释

1. 刑事诉讼中的专门机关
2. 审判机关
3. 检察机关
4. 侦查机关

简答题

简述人民检察院在刑事诉讼中的多重法律身份。

论述题

试论我国的人民陪审员制度。

第五章　诉讼参与人

基础知识图解

- 诉讼参与人
  - 概念：国家专门机关工作人员以外的所有参加刑事诉讼活动，享有一定诉讼权利并承担一定诉讼义务的人
  - 分类
    - 当事人
      - 犯罪嫌疑人、被告人
        - 概念：指刑事诉讼中处于事实上的原告人或者被告人地位，承担控诉或者辩护职能，并与案件结局有直接利害关系的诉讼参与人
        - 称谓
        - 分类
        - 诉讼权利和诉讼义务
      - 被害人
        - 概念
        - 地位
        - 诉讼权利和诉讼义务
      - 自诉人
      - 附带民事诉讼的原告人和被告人
    - 其他诉讼参与人[①]：法定代理人、诉讼代理人、辩护人、证人、鉴定人、翻译人员
  - 单位参与人
    - 充当犯罪嫌疑人、被告人
      - 理由
      - 参与方式：一般由法定代表人行使，特殊单位由其他负责人行使单位法定代表人的诉讼地位
    - 充当被害人
      - 理由
      - 参与方式：由法定代表人行使
      - 单位法定代表人的诉讼地位

配套测试

单项选择题

1. 下列人员中主要的刑事诉讼主体是（　　）。

A. 被告人　　　　　B. 证人　　　　　C. 鉴定人　　　　　D. 翻译人员

[①] 值班律师是指法律援助机构派驻到人民法院、看守所等场所，为犯罪嫌疑人、被告人提供法律帮助的诉讼参与人。值班律师在犯罪嫌疑人、被告人没有辩护人的情况下参与诉讼，为其提供必要的法律帮助，以弥补犯罪嫌疑人、被告人没有辩护人的缺陷，具有临时帮助的特点。

2. 根据我国刑事诉讼法的规定和基本理论，下列选项中属于我国刑事诉讼中的诉讼参与人的是（　　）。
A. 参加刑事诉讼的公安人员、检察人员和审判人员
B. 参加刑事诉讼的，除公安、检察、审判人员外的人员
C. 参加刑事诉讼的所有人员
D. 参加刑事诉讼的被害人、自诉人、犯罪嫌疑人和被告人

3. 从刑事诉讼和刑事诉讼基本理论上看，刑事诉讼程序意义上的被害人（　　）。
A. 是所有遭受犯罪行为直接侵害的人
B. 仅指公诉案件的被害人
C. 可以是自诉人
D. 可以是附带民事诉讼的原告人

4. 下列所述各项诉讼权利中，属于所有当事人都享有的权利的是（　　）。
A. 提起上诉权　　　B. 提起反诉权　　　C. 撤诉权　　　D. 申请回避权

5. 某中学高二学生马某和张某因开玩笑致互殴，马某用随身携带的水果刀将张某刺伤。公安机关以马某涉嫌故意伤害罪进行立案侦查。县医院的杨医生受公安机关的委托，对张某的伤情作了鉴定。公安机关也录取了现场目击者汪某的证言。马某与张某均为未成年人。本案中，属于当事人的是（　　）。
A. 汪某　　　　　　　　　　B. 马某和张某
C. 马某和张某的父母　　　　D. 杨医生

6. 可以充当鉴定人的是（　　）。
A. 充当过本案的证人
B. 担任过本案的侦查人员、检察人员或审判人员
C. 与本案无利害关系的某医院医生
D. 本案的当事人

7. 下列人员中，不能担任诉讼代理人的是（　　）。
A. 律师　　　　　　　　　　B. 普通公民
C. 机关、团体的代表　　　　D. 正在服刑的罪犯

8. 被告人曲某系聋哑人，在开庭之前要求由其懂聋哑语的哥哥做辩护人或者翻译人员，对此，人民法院应当（　　）。
A. 许可做辩护人　　　　　　B. 许可做翻译人员
C. 既许可做辩护人又许可做翻译人员　　D. 都不许可

9. 根据《刑事诉讼法》的规定，下列何人有权委托诉讼代理人？（　　）
A. 涉嫌强奸罪被告人的父亲
B. 抢劫案被害人的胞妹
C. 伤害案中附带民事诉讼的被告人的胞弟
D. 虐待案自诉人的胞妹

10. 下列人员中不属于《刑事诉讼法》规定的近亲属的是（　　）。
A. 父母　　　　　　　　　　B. 夫妻
C. 同胞兄弟姊妹　　　　　　D. 祖父母、外祖父母

11. 下列选项中，具有控诉职能的诉讼参与人是（　　）。
A. 检察机关　　　　　　　　B. 控方证人
C. 自诉人　　　　　　　　　D. 被害人的法定代理人

12. 关于诉讼代理人参加刑事诉讼，下列哪一说法是正确的？（   ）

A. 诉讼代理人的权限依据法律规定而设定

B. 除非法律有明文规定，诉讼代理人也享有被代理人享有的诉讼权利

C. 诉讼代理人应当承担被代理人依法负有的义务

D. 诉讼代理人的职责是帮助被代理人行使诉讼权利

13. 赵甲与儿子赵乙（16周岁）因琐事与邻居康某发生争执，康某造成赵乙轻伤，赵甲作为本案的重要证人，下列选项表述正确的是（   ）。

A. 赵甲作为证人出庭支出的食宿、交通费用，有权要求康某支付

B. 赵甲可以作为赵乙的法定代理人出庭

C. 赵甲有义务协助康某的律师调查取证

D. 赵甲无权拒绝强制出庭作证

14. 关于证人证言与鉴定意见，下列哪一选项是正确的？（   ）

A. 证人证言只能由自然人提供，鉴定意见可由单位出具

B. 生理上、精神上有缺陷的人有时可以提供证人证言，但不能出具鉴定意见

C. 如控辩双方对证人证言和鉴定意见有异议的，相应证人和鉴定人均应出庭

D. 证人应出庭而不出庭的，其庭前证言仍可能作为证据；鉴定人应出庭而不出庭的，鉴定意见不得作为定案根据

15. 关于被害人在刑事诉讼中的权利，下列哪一选项是正确的？（   ）

A. 自公诉案件立案之日起有权委托诉讼代理人

B. 对因作证而支出的交通、住宿、就餐等费用，有权获得补助

C. 对法院作出的强制医疗决定不服的，可向作出决定的法院申请复议一次

D. 对检察院作出的附条件不起诉决定不服的，可向上一级检察院申诉

16. 关于检察院办理刑事案件，下列说法正确的是（   ）。

A. 检察委员会可以对部分办案事项作出决定并承担相应司法责任

B. 检察办案组办理案件时应请求检察长或副检察长主办

C. 检察官可以授权助理签发相应的法律文书

D. 上级检察院认为下级检察院作出不起诉决定错误的，可以撤回不起诉决定

多项选择题

1. 下列哪些人是承担控诉职能的诉讼参与人？（   ）

A. 公诉人　　　B. 自诉人　　　C. 被害人　　　D. 控方证人

2. 在我国的刑事诉讼中，有权提起附带民事诉讼的诉讼参与人有（   ）。

A. 被害人　　　B. 自诉人　　　C. 人民检察院　　　D. 被害人的法定代理人

3. 下列各种人员中，不能做证人的有（   ）。

A. 年幼不能辨别是非的人　　　B. 精神上有缺陷不能正确表达的人

C. 盲、聋、哑人　　　D. 生理上有缺陷不能正确表达的人

4. 在下列人员中，不仅可以是自然人，还可以是单位的有（   ）。

A. 证人　　　B. 鉴定人

C. 被告人　　　D. 附带民事诉讼的原告人

5. 下列属于自诉人权利的有（   ）。

A. 提起附带民事诉讼　　　B. 委托诉讼代理人参加诉讼

C. 自行与被告人进行和解　　　D. 对一审判决提出上诉

6. 与其他诉讼参与人相比，自诉人特有的诉讼权利有（　　）。
   A. 撤回自诉权　　　　　　　　　　　B. 申请回避权
   C. 与被告人和解权　　　　　　　　　D. 提出上诉权
7. 甲因积怨将乙打成重伤，致乙丧失劳动能力。本案中，哪些人有权为乙委托诉讼代理人？（　　）
   A. 乙的母亲　　　B. 乙的祖父　　　C. 乙本人　　　D. 乙的好友丙
8. 公诉案件中被害人的法定代理人的权利有（　　）。
   A. 对人民检察院的不起诉决定不服的，可以代被害人申诉
   B. 为被害人委托诉讼代理人
   C. 可以就第一审的判决、裁定中的附带民事诉讼部分提出上诉
   D. 对刑事判决部分有上诉权
9. 当事人在刑事诉讼中的权利主要有（　　）。
   A. 申请回避权　　　　　　　　　　　B. 参加法庭调查、辩论权
   C. 上诉权（被害人除外）　　　　　　D. 抗诉权
10. 《刑事诉讼法》规定的"法定代理人"包括（　　）。
   A. 被代理人的父母
   B. 被代理人的养父母
   C. 被代理人的监护人
   D. 负有保护责任的机关团体的代表
11. 关于刑事诉讼当事人中的被害人的诉讼权利，下列哪些选项是正确的？（　　）
   A. 撤回起诉、申请回避　　　　　　　B. 委托诉讼代理人、提起自诉
   C. 申请复议、提起上诉　　　　　　　D. 申请抗诉、提出申诉
12. 自诉案件被害人死亡或者丧失行为能力的，下列人员中有权向人民法院起诉的有（　　）。
   A. 被害人的子女　　　　　　　　　　B. 被害人的丈夫
   C. 被害人的同胞兄弟姐妹　　　　　　D. 被害人的父母
13. 关于证人出庭作证，下列哪些说法是正确的？（　　）
   A. 需要出庭作证的警察就其执行职务时目击的犯罪情况出庭作证，适用证人作证的规定
   B. 警察就其非执行职务时目击的犯罪情况出庭作证，不适用证人作证的规定
   C. 对了解案件情况的人，确有必要时，可以强制到庭作证
   D. 证人没有正当理由拒绝出庭作证的，只有情节严重，才可以处以拘留，且拘留不可以超过10日
14. 在袁某涉嫌故意杀害范某的案件中，下列哪些人员属于诉讼参与人？（　　）
   A. 侦查阶段为袁某提供少数民族语言翻译的翻译人员
   B. 公安机关负责死因鉴定的法医
   C. 就证据收集合法性出庭说明情况的侦查人员
   D. 法庭调查阶段就范某死因鉴定意见出庭发表意见的有专门知识的人
15. 犯罪嫌疑人、被告人在刑事诉讼中享有的诉讼权利可分为防御性权利和救济性权利。下列哪些选项属于犯罪嫌疑人、被告人享有的救济性权利？（　　）
   A. 侦查机关讯问时，犯罪嫌疑人有申辩自己无罪的权利
   B. 对办案人员人身侮辱的行为，犯罪嫌疑人有提出控告的权利
   C. 对办案机关应退还取保候审保证金而不退还的，犯罪嫌疑人有申诉的权利
   D. 被告人认为一审判决量刑畸重，有提出上诉的权利

不定项选择题

某国有企业在经营过程中，在一次电视广告中虚构了与其同行业的另一家 A 企业产品质量有瑕疵的事实，由于这一广告，A 企业该产品的销售量在一段时间内明显下降，名誉尽毁。人民检察院经过调查以损害商业信誉罪对该国有企业提起公诉。在诉讼过程中，A 企业委托了代理律师。据此，请回答下列问题。

（1）在这一单位作为刑事诉讼被告的案件中，代表该国有企业参加刑事诉讼的诉讼代表人应该是（   ）。

A. 单位的法定代表人或者主要负责人
B. 单位犯罪直接负责的主管人员
C. 单位犯罪的直接责任人员
D. 单位的法定代表人或者主要负责人和单位犯罪直接负责的主管人员

（2）A 企业委托了代理律师，关于这一代理人的权限的陈述中，哪些是正确的？（   ）

A. 刑事诉讼代理人的权限与法定代理人的权限相同
B. 刑事诉讼代理人的权限根据被代理人的授权范围确定
C. 刑事诉讼代理人可以在一定条件下超越代理权限
D. 刑事诉讼代理人可以以自己的名义进行活动

（3）下面有关单位犯罪嫌疑人、被告人的陈述中，符合法律规定的是（   ）。

A. 在单位作为被告人的情况下，应当有代表单位出庭的诉讼代表人
B. 单位诉讼代表人有出庭的义务
C. 人民法院对单位代表人有权进行拘传
D. 人民法院对单位代表人有权决定逮捕

（4）如果该国有企业委托了辩护律师，下面对有关刑事代理和刑事辩护的区别的描述中，正确的是（   ）。

A. 委托辩护人和诉讼代理人的主体不同
B. 辩护人和诉讼代理人的产生方式不同
C. 辩护人和诉讼代理人的法律地位不同
D. 辩护人和诉讼代理人承担的诉讼职能不同

名词解释

1. 犯罪嫌疑人
2. 被告人
3. 被害人
4. 自诉人

简答题

请简述被害人在公诉程序、自诉程序和附带民事诉讼程序法律地位的不同。

论述题

1. 试述自诉人与公诉案件被害人的异同。
2. 试论犯罪嫌疑人、被告人在刑事诉讼中的诉讼地位。

案例分析题

1. 张某，19岁，为某稻米加工厂厂主之子。经常招惹是非，与人打架斗殴。路某，18岁，为该镇附近一村农民之子，因看不惯张某等人倚财仗势、趾高气扬的样子，经常与之发生冲突。一日路某在该镇一朋友景某家吃饭，傍晚回家，因饮酒过多，由景某送其回家。行至该镇一座大桥下时，即遭张某等人伏击。张某掏出早已准备好的三角刮刀，向不省人事的路某连刺六刀，致其胸部、腹部、臀部、臂部多处受伤。景某大声呼救，惊动周围群众，张某等人才停止侵害。张某等人同众人将路某送至镇医院抢救，第二天，县公安局以涉嫌故意伤害罪逮捕了张某。公安局委托县人民医院医生马某为路某作伤情鉴定，经鉴定确认路某为重伤。公安局录取了景某的证言笔录。侦查终结后，公安局将该案移送县人民检察院审查起诉。县人民检察院经审查后，认为张某为报复私怨，故意伤害他人，并造成其重伤，犯罪事实清楚，证据确凿，已构成故意伤害罪，因而向县人民法院提起公诉。县人民法院经审理认为，张某犯罪事实清楚，证据确凿，已构成故意伤害罪，且情节严重，依法判处有期徒刑12年。张某认为自己虽然犯罪情节严重，但主动将路某送医院治疗，并承担全部医疗费用，应当从轻处罚，故委托其律师王某代为向市中级人民法院提出上诉。市中级人民法院经审理认为，原审认定事实和适用法律正确，但量刑过重，改判张某有期徒刑10年。试分析本案诉讼过程中的各专门机关和诉讼参与人。

2. 周某（15岁）、吴某（16岁）、郑某（17岁）是同班同学，周某与吴某因琐事争吵，进而互殴，郑某在场拉架，周某拾起一块砖头打中吴某头部，致使吴某头破血流，当场昏迷，被送医院抢救。公安机关立案侦查此案，指派法医王某对吴某的伤情作了鉴定，鉴定意见为重伤致残。公安机关讯问周某时，通知周母到场。公安机关侦查终结后，将该案移送人民检察院审查起诉。人民检察院经审查后，以故意伤害罪对周某提起公诉。周母委托蒋律师为周某辩护。在人民法院审理此案时，吴父提起了附带民事诉讼，要求赔偿物质损失，并委托沈律师帮助其出庭诉讼。郑某被人民法院通知出庭陈述该案事实。上述提到的本案相关人员中，哪些是诉讼参与人？分别是哪一种诉讼参与人？

第六章 刑事诉讼的基本原则

基础知识图解

我国刑事诉讼基本原则
- 1. 侦查权、检察权、审判权由专门机关依法行使：《刑事诉讼法》第3条
- 2. 人民法院、人民检察院依法独立行使职权：《刑事诉讼法》第5条
- 3. 以事实为依据，以法律为准绳：《刑事诉讼法》第6条
- 4. 依靠群众：《刑事诉讼法》第6条
- 5. 分工负责、互相配合、互相制约：《刑事诉讼法》第7条
- 6. 人民检察院依法对刑事诉讼实行法律监督：《刑事诉讼法》第8条
- 7. 审判公开：《刑事诉讼法》第11条
- 8. 犯罪嫌疑人、被告人有权获得辩护：《刑事诉讼法》第11条
- 9. 未经人民法院依法判决，对任何人都不得确定有罪：《刑事诉讼法》第12条
- 10. 认罪认罚从宽原则：《刑事诉讼法》第15条

配套测试

单项选择题

1. 李某有事外出托朋友赵某照看自己价值6000元的乌龟，赵某随后将乌龟出售，并告知李某丢失。李某以盗窃罪向公安局报案，公安局经调查以盗窃罪移送检察院，检察院以盗窃罪向法院提起公诉，法院认为该行为属于侵占而非盗窃。对于本案，检察院拒不撤回起诉时，法院的哪种处理方法是正确的？（　　）

　　A. 裁定驳回起诉　　　　　　　　B. 裁定终止审理
　　C. 径行作出无罪判决　　　　　　D. 以侵占罪作出有罪判决

2.《最高人民法院关于人民法院合议庭工作的若干规定》规定，合议庭组成人员确定后，除因回避或者其他特殊情况不能继续参加案件审理外，不得在案件审理过程中更换。这一规定体现的是下列哪一项审判原则？（　　）

　　A. 审判公开原则　　　　　　　　B. 言词审理原则
　　C. 集中审理原则　　　　　　　　D. 辩论原则

3. 我国《刑事诉讼法》第6条规定，对于一切公民，在适用法律上一律平等，在法律面前，不允许有任何特权。我国《刑法》第17条规定，已满14周岁不满18周岁的人犯罪，应当从轻或者减轻处罚。二者的关系是（　　）。

　　A. 矛盾的
　　B. 没有任何关系

C. 在刑法理论上，犯罪的未成年人与成年人有很多不同，将未成年人的年龄作为量刑情节，是一种合理的区别对待，正好体现了在适用法律上一律平等的原则

D. 对未成年人犯罪应当从轻或者减轻处罚的规定是"对于一切公民，在适用法律上一律平等"原则的例外

4. 某地区一户居民一家三口被杀，邻居发现尸体后报案。公安机关立案侦查后认为李某涉嫌抢劫杀人，李某本人亦供认不讳。该案引起了该地区群众的极大愤慨。案件经侦查终结后移送至人民检察院审查起诉。人民检察院审查后决定提起公诉。人民法院经法庭审理后对李某作出了有罪判决。在这一诉讼过程中，公安机关、人民检察院和人民法院进行刑事诉讼的依据是（　　）。

A. 被害人一家三口的尸体

B. 李某的供述

C. 该地区群众要求惩治犯罪的呼声

D. 公安机关、人民检察院和人民法院认定、查明的案件事实

5. 在我国刑事诉讼中，如果某人民法院因违法审判造成了错案，则根据我国《宪法》、《刑事诉讼法》和有关法律的规定，可以（　　）。

A. 由人民代表大会及其常务委员会对该判决予以纠正

B. 由人民检察院行使监督权

C. 由同级党委对该判决予以纠正

D. 由党的纪律检查委员会对该判决予以纠正

6. 在我国的内蒙古自治区，如果刑事诉讼的当事人中有汉族人，也有蒙古族人，那么（　　）。

A. 汉族当事人必须使用蒙古语进行诉讼

B. 蒙古族当事人必须使用蒙古语进行诉讼

C. 每个当事人都可以选择使用汉语进行诉讼，也可以选择使用蒙古语进行诉讼

D. 在诉讼过程中，使用何种语言，由公安机关、人民检察院或人民法院决定

7. 张某，男，17周岁，高中三年级学生，因涉嫌抢劫罪被公安机关立案侦查。在侦查过程中，依照我国《刑事诉讼法》的规定，侦查人员在讯问张某时，下述正确的做法是（　　）。

A. 可以通知其父母到场　　　　　　B. 应当通知其父母到场

C. 应当通知其老师到场　　　　　　D. 应当通知团组织工作人员到场

8. 某单位职工王某经常旷工，平日游手好闲，一日车间内失窃，该单位领导怀疑王某有盗窃行为，于是决定将其关禁，并派人进行讯问，要求其交代犯罪事实，这种做法违反了（　　）。

A. 公民在适用法律上一律平等的原则

B. 依法保障诉讼参与人诉讼权利的原则

C. 侦查权、检察权、审判权由专门机关依法行使的原则

D. 法律面前人人平等的原则

9. 某国驻华使馆一外交官，涉嫌犯罪且依我国刑法规定应当追究刑事责任，但是该外交官依照有关国际条约和我国的有关法律享有外交豁免权，则对其涉嫌犯罪的问题，我国（　　）。

A. 应当放弃对该案的管辖权　　　　B. 应当通过外交途径解决

C. 应当通过联合国安理会解决　　　D. 应当通过国际司法机构解决

10. 我国《刑事诉讼法》规定的"未经人民法院依法判决，对任何人都不得确定有罪"，这是一种（　　）。

A. 司法认知　　　　　　　　　　　B. 确定的推定

C. 可推翻的推定　　　　　　　　　D. 事实上的推定

11. 根据法律规定，在我国审判公开，不仅向当事人或其他诉讼参与人公开，而且（　　）。
   A. 对公民公开、向社会公开
   B. 对所有公民都公开
   C. 对外国人一律公开
   D. 对外国人不公开

12. 张某为 A 市副市长，因交通肇事罪和贪污罪在 B 市监狱服刑，而在服刑期间，张某有故意杀人之嫌疑，对于张某此行为，应该由（　　）行使侦查权。
   A. A 市公安机关
   B. A 市检察院
   C. B 市监狱
   D. B 市公安机关

13. 无罪推定原则在刑事诉讼中体现的是（　　）。
   A. 公民非依法定程序不受逮捕
   B. 公民非依法定程序不受刑事追究
   C. 公民非依法定程序不受司法审查
   D. 未经人民法院依法判决，对任何人都不得确定有罪

14. 袁某和林某系同事，一日因琐事发生口角，袁某当众侮辱林某，林某便到法院控告袁某，但在法院审理过程中，袁某与林某重归于好，林某要求撤诉，法院应当（　　）。
   A. 对袁某免予起诉
   B. 终止审理
   C. 不起诉袁某
   D. 宣告袁某无罪

15. 人民法院可以不公开审理的案件有（　　）。
   A. 有关国家秘密的案件
   B. 个人隐私案件
   C. 审判时不满 18 岁的未成年人犯罪案件
   D. 商业秘密案件

16. 下列哪一选项体现直接言词原则的要求？（　　）
   A. 法官亲自收集证据
   B. 法官亲自在法庭上听取当事人、证人及其他诉讼参与人的口头陈述
   C. 法庭审理尽可能不中断地进行
   D. 法庭审理应当公开进行证据调查与辩论

17. 下列哪一选项表明我国基本确立了自白任意规则？（　　）
   A. 侦查人员在讯问犯罪嫌疑人的时候，可以对讯问过程进行录音或者录像
   B. 不得强迫任何人证实自己有罪
   C. 逮捕后应当立即将被逮捕人送交看守所羁押
   D. 不得以连续拘传的方式变相拘禁犯罪嫌疑人、被告人

18. 下列哪一选项属于两审终审制的例外？（　　）
   A. 自诉案件的刑事调解书经双方当事人签收后，即具有法律效力，不得上诉
   B. 地方各级法院的第一审判决，法定期限内没有上诉、抗诉，期满即发生法律效力
   C. 在法定刑以下判处刑罚的判决，报请最高人民法院核准后生效
   D. 法院可通过再审，撤销或者改变已生效的二审判决

☑ 多项选择题

1. 根据我国《刑事诉讼法》规定的基本原则，在少数民族聚居或多民族杂居的地区，人民法院、人民检察院或者公安机关（　　）。
   A. 应当用当地通用的语言进行审讯
   B. 对于不通晓当地通用语言文字的诉讼参与人，可以为他们提供翻译

C. 应当用当地通用的文字发布布告和其他文件
D. 应当用汉字发布判决书

2. 根据我国《刑事诉讼法》的规定，我国人民法院审判案件，依法实行人民陪审员陪审的制度。对于该制度，下述说法不正确的是（　　）。
A. 我国的人民陪审员陪审制度不同于英美法系国家的陪审团制度
B. 人民陪审员应是某一领域的专家
C. 人民陪审员应是法律领域的专家
D. 人民陪审员同人民法院的工作人员享有同样的权利

3. 关于人民陪审员，下列哪些选项是正确的？（　　）
A. 各级法院审判第一审刑事案件，均可吸收人民陪审员作为合议庭成员参与审判
B. 一审刑事案件被告人有权申请由人民陪审员参加合议庭审判
C. 执业律师不得担任人民陪审员
D. 高级人民法院审判案件依法应当由人民陪审员参加合议庭审判的，在其所在城市的中级人民法院的人民陪审员名单中随机抽取

4. 下列说法中，正确的有（　　）。
A. 辩护权可以由犯罪嫌疑人自己行使，也可以依法委托辩护人行使
B. 在人民法院依法审理并判决之前，不能在法律上确定任何人有罪
C. 对于未成年人犯罪案件，在讯问和审判时，应当通知其法定代理人到场
D. 国家机关工作人员犯罪的，应当从重处罚

5. 下列各项原则中，不属于刑事诉讼基本原则的有（　　）。
A. 处分原则　　　　　　　　　　B. 调解原则
C. 审判公开原则　　　　　　　　D. 保障诉讼参与人诉讼权利的原则

6. 刘某，多次实施抢劫行为，手段恶劣且数额较大，后来在一次抢劫活动中被警察当场抓获。由于该案是被公安人员当场发现，而且事实清楚，因而在本案的诉讼程序中（　　）。
A. 公安机关的侦查人员在预审时可以称刘某为罪犯
B. 人民检察院的检察人员在审查起诉时可以称刘某为犯罪嫌疑人
C. 人民法院的审判人员在开庭审案时可以称刘某为罪犯
D. 监狱机关可以将服役的刘某称为罪犯

7. 下列案件中，依法不公开审理的有（　　）。
A. 有关国家秘密的案件
B. 有关个人隐私的案件
C. 可能判处死刑的案件
D. 当事人申请不公开审理的涉及商业秘密的案件

8. 关于依法不追究刑事责任的情形，下列哪些选项是正确的？（　　）
A. 犯罪嫌疑人甲和被害人乙在审查起诉阶段就赔偿达成协议，被害人乙要求不追究甲刑事责任
B. 甲侵占案，被害人乙没有起诉
C. 高某犯罪情节轻微，对社会危害不大
D. 犯罪嫌疑人白某在被抓获前身亡

9. 人民检察院可以作出不起诉决定的情况包括（　　）。
A. 犯罪情节显著轻微，依照刑法规定不认为是犯罪的
B. 犯罪情节轻微，依照刑法规定不需要判处刑罚的

C. 犯罪已过追诉时效期限的

D. 犯罪情节轻微，依照刑法规定免除刑罚的

10. 某大学物证技术鉴定中心的何老师，受该市公安局的聘请，对一起刑事案件进行了技术鉴定。那么在本案的整个诉讼过程中，有责任保障何老师诉讼权利的部门是（　　）。

A. 委托他进行鉴定的市公安局

B. 负责对侦查活动进行监督的人民检察院

C. 对案件进行审判的人民法院

D. 该大学

11. 根据《刑事诉讼法》的规定，人民检察院作出的不起诉决定共有三类，即法定不起诉、酌定不起诉和存疑不起诉。下列情况人民检察院均可作出不起诉决定，其中哪些不属于法定不起诉的情况？（　　）

A. 聋、哑、盲人犯罪

B. 共同犯罪中的从犯

C. 犯罪情节轻微，依照刑法不需要判处刑罚

D. 犯罪嫌疑人自首后有重大立功表现

12. 下列表述中属于刑事诉讼法人民检察院依法对刑事诉讼实行法律监督原则的基本内容的是（　　）。

A. 在立案阶段，人民检察院对公安机关的立案活动所进行的监督

B. 在审查批捕和审查起诉阶段，人民检察院对公安机关的侦查活动所进行的监督

C. 在审判阶段，人民检察院在代表国家提起公诉的同时，监督法庭审理活动

D. 在执行阶段，人民检察院对执行机关的执行活动所进行的监督

13. 关于程序法定，下列哪些说法是正确的？（　　）

A. 程序法定要求法律预先规定刑事诉讼程序

B. 程序法定是大陆法系国家法定原则的重要内容之一

C. 英美国家实行判例制度而不实行程序法定

D. 以法律为准绳意味着我国实行程序法定

14. 关于保障诉讼参与人的诉讼权利原则，下列哪些选项是正确的？（　　）

A. 是对《宪法》和《刑事诉讼法》尊重和保障人权的具体化

B. 保障诉讼参与人的诉讼权利，核心在于保护犯罪嫌疑人、被告人的辩护权

C. 要求诉讼参与人在享有诉讼权利的同时，还应承担法律规定的诉讼义务

D. 保障受犯罪侵害的人的起诉权和上诉权，是这一原则的重要内容

15. 下列说法体现刑事诉讼效率原则的是（　　）。

A. 扩大陪审员审理案件范围

B. 因证人在国外短期之内无法回国，法官准许其不出庭作证

C. 法律援助机构指派值班律师到看守所为嫌疑人提供法律援助

D. 对在看守所的犯人采取远程视频审讯

名词解释

1. 无罪推定
2. 疑罪从无原则
3. 不得强迫自证其罪
4. 禁止双重危险原则

5. 审判中立原则
6. 平等对抗原则
7. 诉讼及时原则
8. 直接言词原则

简答题

1. 司法主权原则的内容及意义是什么？
2. 如何处理人民检察院法律监督与履行其他检察职权之间的关系？
3. 简述犯罪嫌疑人、被告人有权获得辩护原则的基本内容。
4. 简述保障诉讼参与人的诉讼权利原则。
5. 简述人民检察院在刑事诉讼中的法律监督作用，并给予简要评论。

论述题

1. 试述刑事诉讼中的两审终审制度。
2. 试述审判公开原则。
3. 试述控审分离原则。

案例分析题

1. 被告人金某，朝鲜族人。2023年7月，金某因涉嫌抢劫罪被公安机关立案侦查，随后被依法逮捕。侦查终结后，移送人民检察院审查起诉。人民检察院依法审查后，认定本案犯罪事实清楚、证据确凿充分，对金某依法提起公诉。在法庭上，金某要求用朝鲜语陈述。合议庭组成人员不懂朝鲜语，问金某是否会讲汉语，金某说会讲。合议庭要求金某用汉语陈述。

问：合议庭的做法是否正确？为什么？

2. 2023年6月，外国公民A来中国旅游。6月12日晚，A在饭店就餐，因嫌菜不合口味，当即大发雷霆，将盘子摔碎。服务员上前问询，A口吐秽言，对服务员进行侮辱；于是服务员善言告诫A应注意身份，尊重他人；A听后，恼羞成怒，扇了服务员一耳光，致其一只耳朵被打聋。该案经市人民检察院提起公诉后，中级人民法院依法公开审理。在法庭上，A辩称自己是外国公民，应通过外交途径解决此案。

问：本案应适用哪国的法律审理？是否应通过外交途径解决？

第七章 管 辖

基础知识图解

- 概念：根据《刑事诉讼法》的规定，公安机关、人民检察院、人民法院和其他国家专门机关立案受理刑事案件的权限和分工，以及各级人民法院之间、同级人民法院之间受理第一审刑事案件的权限和分工
- 管辖制度的意义
- 管辖的分类
  - 立案管辖
    - 公安机关：人民法院直接受理和人民检察院自行侦查刑事案件以外的案件
    - 人民检察院
      - 司法工作人员利用职权实施的非法拘禁、刑讯逼供、非法搜查等侵犯公民权利、损害司法公正的犯罪
      - 国家机关工作人员利用职权实施的其他重大犯罪
    - 人民法院
      - 告诉才处理的案件
      - 被害人有证据证明的轻微刑事案件
      - 公诉转自诉案件
    - 立案管辖的交叉
      - 公安机关、人民法院立案管辖的案件范围可能交叉
      - 人民检察院、监察委员会①立案管辖的案件范围可能交叉
      - 人民法院、人民检察院、公安机关、审计机关等国家机关在工作中发现公职人员涉嫌贪污贿赂、失职渎职等职务违法或者职务犯罪的问题线索的，应当移送监察机关，由监察机关依法调查处置。被调查人既涉嫌严重职务违法或者职务犯罪，又涉嫌其他违法犯罪的，一般应当由监察机关为主调查，其他机关予以协助
  - 审判管辖
    - 级别管辖
      - 基层人民法院：第一审普通刑事案件
      - 中级人民法院
        - 危害国家安全案件、恐怖活动案件
        - 可能判处无期徒刑、死刑的刑事案件
      - 高级人民法院：全省性重大刑事案件
      - 最高人民法院：全国性重大刑事案件
    - 地域管辖
      - 犯罪地法院管辖：犯罪地为主，居住地为辅
      - 优先管辖、移送管辖：最初管辖法院管辖，必要时主要犯罪地法院管辖
      - 特殊情况的管辖
    - 专门管辖
      - 军事法院
      - 铁路运输法院
    - 指定管辖
      - 地区管辖不明的刑事案件
      - 有管辖权不宜或不能审判的刑事案件
  - 并案管辖

---

① 2012年《刑事诉讼法》第18条规定的对贪污贿赂犯罪，国家工作人员的渎职犯罪的管辖，在2018年《刑事诉讼法》第19条中已经删除。2024年修正的《监察法》第11条规定，监察委员会依照本法和有关法律规定履行监督、调查、处置职责：(1) 对公职人员开展廉政教育，对其依法履职、秉公用权、廉洁从政从业以及道德操守情况进行监督检查；(2) 对涉嫌贪污贿赂、滥用职权、玩忽职守、权力寻租、利益输送、徇私舞弊以及浪费国家资财等职务违法和职务犯罪进行调查；(3) 对违法的公职人员依法作出政务处分决定；对履行职责不力、失职失责的领导人员进行问责；对涉嫌职务犯罪的，将调查结果移送人民检察院依法审查、提起公诉；向监察对象所在单位提出监察建议。

配套测试

单项选择题

1. 根据我国《刑事诉讼法》和其他相关规定，对于"被害人有证据证明的轻微刑事案件"这类自诉案件（   ）。
　A. 只能直接向人民法院起诉
　B. 可以由公安机关立案侦查
　C. 可以由人民检察院立案侦查
　D. 可以由被害人自主选择由人民法院、人民检察院、公安机关中的哪一个机关直接受理

2. 根据我国《刑事诉讼法》及其他相关规定，下列案件中哪一种应由人民检察院直接立案侦查？（   ）
　A. 偷逃税款案件　　　　　　　　　B. 非法拘禁案件
　C. 侦查人员刑讯逼供　　　　　　　D. 徇私舞弊不征、少征税款案件

3. 姜某因涉嫌盗窃一名外国人 2000 元人民币而被检察机关依法提起公诉，由于本案的被害人是一名外国人，本案的管辖法院应当是（   ）。
　A. 基层人民法院　　　　　　　　　B. 中级人民法院
　C. 高级人民法院　　　　　　　　　D. 最高人民法院

4. 根据我国《刑事诉讼法》的规定，能够直接受理刑事案件的机关（   ）。
　A. 只能是公安机关　　　　　　　　B. 可以是监狱
　C. 不能是人民法院　　　　　　　　D. 不能是国家安全机关

5. 划分地域管辖的最主要依据是（   ）。
　A. 犯罪地　　　　　　　　　　　　B. 被告人居住地
　C. 最先受理地　　　　　　　　　　D. 被害人居住地

6. 在一起故意伤害案中，人民检察院认为被告人可能被判处无期徒刑，因而向中级人民法院提起公诉。中级人民法院受理后，认为不需要判处无期徒刑以上刑罚，对此，中级人民法院（   ）。
　A. 应当将该案交由基层人民法院审理
　B. 应当将该案退回同级人民检察院，以便向基层人民法院提起公诉
　C. 应当将该案退回下级人民检察院，以便向基层人民法院提起公诉
　D. 可以依法审理而不再交由基层人民法院

7. 韩某因涉嫌强奸罪被人民检察院诉至某市某区人民法院，而该区人民法院认为韩某可能被判处无期徒刑，则该区人民法院（   ）。
　A. 应当直接将该案移送至市中级人民法院
　B. 应当将该案报请市中级人民法院审判
　C. 可以开庭审理
　D. 应当将该案退回提起公诉的人民检察院

8. 甲在哈尔滨开往德州的列车上，对乘客乙先是聊天，套近乎；列车行至天津市静海区时，甲请乙饮用饮料，乙饮后即睡去，甲乘机窃取乙人民币 1200 元，后被抓获。该案的侦查机关和审判法院应当是（   ）。
　A. 由静海区公安机关侦查，由静海区人民法院审判

B. 由铁路运输公安机关侦查，由静海区人民法院审判

C. 由铁路运输公安机关侦查，由铁路运输中级人民法院审判

D. 不需要侦查，由静海区人民法院直接审判

9. "天翔号"中国客轮由韩国釜山港驶往中国大连港，船行至公海领域时韩国公民金某酗酒滋事，将中国公民周某打成重伤。为及时救治，船舶就近停靠威海港将受害人送往医院，然后驶往大连港。下列法院中，哪一个是本案的犯罪管辖法院？（　　）

A. 威海市基层人民法院　　　　　　　B. 大连市中级人民法院

C. 韩国釜山地方法院　　　　　　　　D. 大连市或威海市的地方基层法院

10. 某县几位主要领导干部参与一起走私大案，县人民检察院认为此案由检察机关立案侦查更为适宜，该县人民检察院须经履行的法律程序是什么？（　　）

A. 上一级公安机关研究同意　　　　　B. 县检察委员会研究决定

C. 上一级人民检察院批准　　　　　　D. 省级以上人民检察院决定

11. 对于告诉才处理的案件，人民检察院可以提起公诉的条件是（　　）。

A. 被害人要求人民检察院提起公诉的

B. 被害人所在单位要求人民检察院参与的

C. 被害人因受强制、威吓无法告诉的

D. 被害人亲属请求人民检察院公诉的

12. 刑事案件一般由犯罪地的人民法院管辖，如果由被告人居住地的人民法院审判更为适宜的，可以由被告人居住地的人民法院管辖。但有一些特殊的情况，不能完全适用这一规定，下列对于特殊情况的管辖的陈述中不正确的是（　　）。

A. 对于我国缔结或者参加的国际条约所规定的犯罪，我国具有刑事管辖权的案件，由被告人被抓获地的中级人民法院管辖

B. 在中国领域外的中国船舶、航空器内的犯罪，由犯罪发生后该船舶最初停泊的中国口岸、该航空器在中国最初的降落地的人民法院管辖

C. 中国公民在驻外的中国使领馆内的犯罪，由该公民主管单位所在地或者他的原户籍所在地的人民法院管辖

D. 国际列车上发生的刑事案件的管辖，由犯罪发生后列车最初停靠的中国车站或者目的地的铁路运输法院管辖

13. 外国人杰克与我国香港特别行政区居民赵某在内地私藏枪支、弹药，公安人员查缴枪支、弹药时，赵某以暴力方法阻碍公安人员依法执行职务。下列哪一说法是正确的？（　　）

A. 全案由犯罪地的基层法院审判，因为私藏枪支、弹药罪和妨害公务罪都不属于可能判处无期徒刑以上刑罚的案件

B. 杰克由犯罪地的中级人民法院审判，赵某由犯罪地的基层法院审判

C. 杰克由犯罪地的中级人民法院审判，赵某由犯罪地的中级人民法院根据具体案件情况而决定是否交由基层法院审判

D. 全案由犯罪地的中级人民法院审判

14. 马某是甲省M市中级人民法院审判委员会委员兼刑事审判庭庭长，此前曾在M市A区人民法院任副院长。在中级人民法院任职期间，马某利用职务便利使无罪的张三受到刑事处罚，后检察机关以其涉嫌徇私枉法罪向M市A区人民法院提起公诉。关于本案的处理，下列哪一选项是正确的？（　　）

A. 因马某曾担任M市A区人民法院副院长，被害人张三可以此为由申请A区人民法院的所有法官回避

B. M 市中级人民法院收到 A 区人民法院的管辖请求，应当指定 M 市其他基层人民法院审理本案

C. 对于本案的案卷材料，A 区人民法院应当移送至被指定管辖的法院

D. A 区基层人民法院和 M 市中级人民法院应将本案的管辖问题层报甲省高级人民法院，由甲省高级人民法院指定其他法院管辖

15. 田某涉嫌挪用公款被立案侦查并逮捕，侦查过程中发现田某还涉嫌重婚。关于本案处理，下列哪一选项是正确的？（　　）

A. 如挪用公款与重婚互有牵连，检察院应当并案侦查

B. 对田某的侦查羁押期限可自发现其涉嫌重婚之日起重新计算

C. 如检察院审查起诉后认为田某构成挪用公款而不构成重婚，应当对重婚罪作出不起诉决定

D. 如检察院只对田某以挪用公款罪提起公诉，重婚罪的被害人可向法院提起自诉

多项选择题

1. 根据我国《刑事诉讼法》的规定，刑事案件主要由犯罪地人民法院管辖，其理由是（　　）。

A. 便于收集证据　　　　　　　　B. 便于当事人参加诉讼

C. 便于进行法治宣传教育　　　　D. 可以就地平息民愤

2. 根据相关司法解释，对于单位犯罪案件的管辖法院，下列说法正确的是（　　）。

A. 根据单位负责人的住所地确定管辖法院

B. 由被告单位所在地的人民法院管辖

C. 由犯罪地人民法院管辖

D. 可以由上级人民法院指定管辖

3. 中级人民法院管辖的第一审刑事案件有（　　）。

A. 危害国家安全的案件　　　　　B. 可能判处死刑的案件

C. 可能判处无期徒刑的案件　　　D. 涉外刑事案件

4. 公安机关直接受理的刑事案件有（　　）。

A. 虐待罪案件　　　　　　　　　B. 抢劫罪案件

C. 侵占罪案件　　　　　　　　　D. 诈骗罪案件

5. 基层人民法院需要移送上一级人民法院审判的第一审刑事案件有（　　）。

A. 案情重大、复杂，需要移送的案件　　B. 可能判处死刑的案件

C. 可能判处无期徒刑的案件　　　　　　D. 中国人对外国人犯罪的案件

6. 黑龙江省黑河市无业人员曲某长期在该省各地区流窜作案，后在伊春市实施盗窃时被抓获。经公安机关侦查终结后，人民检察院依法对其提起公诉。本案应由何地法院管辖？（　　）

A. 应当由黑河市人民法院管辖

B. 由伊春市人民法院管辖

C. 可以由黑河市人民法院管辖

D. 黑龙江省高级人民法院可以指定本案的管辖法院

7. 独任制一般不适用于审判下列哪种刑事案件？（　　）

A. 自诉案件　　　　　　　　　　B. 危害国家安全案件

C. 可能判处死刑的案件　　　　　D. 中级人民法院受理的第二审案件

8. 下列哪种情况适合被告人居住地的法院管辖？（　　）

A. 被告人流窜作案　　　　　　　B. 被告人的犯罪行为轻微、危害不大

C. 对被告人可能判处管制　　　　D. 犯罪地难以确定

9. 对因管辖不明而发生争议的案件，上级人民法院可以（   ）。

A. 指定某一下级法院审判

B. 指定有争议的法院共同审判

C. 指定有争议的法院协商解决

D. 指定下级人民法院将案件移送其他人民法院审判

10. 某县破获一抢劫团伙，涉嫌多次入户抢劫，该县法院审理后认为，该团伙中只有主犯赵某可能被判处无期徒刑。关于该案的移送管辖，下列哪些选项是正确的？（   ）

A. 应当将赵某移送中级人民法院审理，其余被告人继续在县法院审理

B. 团伙中的未成年被告人应当一并移送中级人民法院审理

C. 中级人民法院审查后认为赵某不可能被判处无期徒刑，可不同意移送

D. 中级人民法院同意移送的，应当书面通知其同级检察院

11. 张三、李四住在甲市后二人出国留学。在国外张三和一个外国人切断了李四与国内的联系，谎称李四被绑架勒索其家人。事后张三和该外国人一起从乙市入境回国后住在丙市，而李四从丁市入境回国，对该案具有管辖权的法院是（   ）。

A. 甲市　　　　　　B. 乙市　　　　　　C. 丙市　　　　　　D. 丁市

⌧ 不定项选择题

1. 在一起共同抢劫案中，M省A市人马某、宋某、周某在该省的B市内抢劫被抓获。人民检察院决定对本案提起公诉。

（1）本案中，三名被告人应由哪个法院管辖？（   ）

A. 应当由B市法院管辖

B. 应当由A市法院管辖

C. 可以由A市法院管辖

D. M省高级人民法院可以指定本案的管辖法院

（2）如果本案由人民检察院起诉至B市的某个区人民法院，而该区人民法院经审查认为马某可能被判处无期徒刑时，（   ）。

A. 应当直接将案件退回人民检察院　　　B. 应当直接将案件移送市中级人民法院

C. 应当报请移送市中级人民法院审判　　D. 可以开庭审判

（3）本案中，如果法院认为马某可能被判处无期徒刑，而宋某、周某至多可能被判有期徒刑刑罚，则（   ）。

A. 该案全案应由市中级人民法院审判

B. 该案被告人马某的部分应从区法院移送至市中级人民法院审判

C. 三名被告人中没有可能被判处死刑的，因而三人应由区人民法院审判

D. 该案马某的部分应由市中级人民法院审判，其他两名被告人则由市中级人民法院决定是否一并审判

2. 甲、乙（户籍地均为M省A市）共同运营一条登记注册于A市的远洋渔船。某次在公海捕鱼时，甲、乙二人共谋杀害了与他们素有嫌隙的水手丙。该船回国后首泊于M省B市港口以作休整，然后再航行至A市。从B市起航后，在途经M省C市航行至A市过程中，甲因害怕乙投案自首一直将乙捆绑拘禁于船舱。该船于A市靠岸后案发。

关于本案管辖，下列选项正确的是（   ）。

A. 故意杀人案和非法拘禁案应分别由中级人民法院和基层法院审理

B. A市和C市对非法拘禁案有管辖权

C. B市中级人民法院对故意杀人案有管辖权
D. A市中级人民法院对故意杀人案有管辖权

名词解释

1. 优先管辖
2. 移送管辖
3. 指定管辖
4. 共同管辖
5. 合并管辖
6. 专属管辖
7. 管辖权的转移
8. 立案管辖
9. 地区管辖

简答题

1. 简述确定管辖应遵循的一般原则。
2. 简述我国刑事立案管辖制度的设立依据和意义。

论述题

试述我国的刑事审判管辖。

案例分析题

1. 黄某在国外期间，加入了国外某情报组织。回国后，黄某利用职务之便向国外某情报组织提供我国有关重要情报，给国家造成严重损失。此案由 A 市 B 区公安机关立案、侦查终结后，由 B 区人民检察院向 B 区人民法院提起公诉，B 区人民法院经审理认定黄某间谍罪事实清楚，证据确实充分，且犯罪情节严重，故依法判处其无期徒刑。黄某不服，向该市中级人民法院提出上诉。中级人民法院经审理认为一审法院认定事实正确，但量刑畸轻，改判黄某死刑，并报省高级人民法院。

问：本案中有哪些方面违反了《刑事诉讼法》的规定？

2. 被告人赵某、李某、孙某家住龙山市城东区。赵某是盗窃惯犯。2023 年，赵某组织李某、孙某在某市各区流窜作案。2024 年 4 月，赵某得知城北区某商场夜间治安防卫工作松散，便伺机作案。4 月 19 日夜，赵某组织李某、孙某潜入该商场，窃得财产价值共计 5 万余元。

问：

（1）若赵某、李某、孙某三人当场被捕，并在审讯中供述在城西区行窃三次，窃得财物价值 3 万余元；在城南区行窃五次，窃得财物价值 2000 余元。在此情况下，该如何确定法院的审判管辖？

（2）若三人行窃后，孙某为毁灭罪证，又自作主张地将商场内的衣物点着，引起大火，使该商场损失 20 余万元，并烧死一人。在此种情况下，该如何确定级别管辖？若检察机关以玩忽职守罪对保安人员姜某、并某提起公诉，他们的犯罪地在哪里？

（3）若三人被依法审判后，李某被判处有期徒刑 3 年，并押送某 1 市某监狱服刑。在服刑期间，李某自首交代了判决时未被发现的抢劫罪。案件经服刑地公安局侦查终结，由服刑地检察院向该地法院提起公诉。但该地法院认为李某的漏罪——抢劫罪发生在某市城东区，故应由城东区法院受理，将案件移送城东区法院。该法院的做法是否正确？为什么？

3. 某高校同宿舍两学生尚某、梁某，因琐事发生争吵继而发生互殴，梁某情急之下抓起一玻璃杯打向尚某，造成尚某左眼球破裂，失明，脑功能遭到严重损害。后经鉴定，尚某成为限制行为能力人。尚某的父亲向该校所在地的公安机关控告，要求立案追究梁某的刑事责任。公安机关认为本案事实清楚，不需采用特别的侦查手段，遂让尚某的父亲直接去人民法院起诉。而尚父认为这是一起明显的故意伤害致人重伤案，不属人民法院直接受理案件范围，法院不会受理，就向人民检察院申诉。检察机关要求公安机关说明理由后，认为其理由不能成立，通知其应当立案。但公安机关仍不予立案。问：

（1）依法律规定，本案应由哪个机关管辖？

（2）尚父能否向人民法院直接起诉？

（3）尚父能否在请求人民法院追究梁某的刑事责任的同时，请求人民法院判决梁某赔偿尚某的经济损失和精神损害？

（4）若人民法院受理了此案，能否进行调解？尚父能否在判决宣告前撤诉？

（5）若人民法院受理了此案，能否运用简易程序进行审理？

4. 犯罪嫌疑人辽某某日下午因在汽车站扰乱公共秩序并打骂其他乘客和车站工作人员，被甲县公安局光明路派出所予以行政拘留。在拘留后的讯问中，辽某供认了在乙县多次盗窃、抢劫的犯罪事实，公安人员在辽某随身携带的旅行包中搜查到作案工具和部分赃款赃物。该派出所就将案件移送到甲县公安局，甲县公安局即办理了立案手续，对辽某予以刑事拘留，并电话告知乙县公安局要求移送案件。第二天，乙县公安局派人将辽某及赃款、赃物和立案材料带走。

问：甲县公安局对不属于自己管辖的案件能否先立案再移送？为什么？

第八章 回 避

基础知识图解

回避 {
- 回避的概念及其意义
- 回避的种类：自行回避、申请回避、指令回避
- 回避的适用人员：审判人员、检察人员、侦查人员、书记员、翻译人员以及鉴定人
- 回避的理由：诉讼回避、任职回避
- 回避的提出：审判阶段以书面或者口头提出，但应说明理由
- 回避的审查和决定 {
  - 侦查阶段的相关人员，由县级以上公安机关负责人决定
  - 检察阶段的相关人员，由检察长决定
  - 审判阶段的相关人员，由法院院长决定
  - 公安机关负责人、检察长，由同级人民检察院检察委员会决定
  - 法院院长，由本院审判委员长决定
}
- 形式：决定
- 效力 {
  - 在作出决定前，应当暂停参与本案；但侦查人员不能停止对案件的侦查
  - 检察阶段取得证据的效力，由检察长或检察委员会决定
}
- 驳回申请回避的复议：当事人及其法定代理人在收到决定书后5日内可向原决定机关申请复议一次，决定机关应在3日内作出复议决定并书面通知申请人
}

配套测试

单项选择题

1. 王某原是一名鉴定人，其刚刚办理完毕一件故意杀人案的鉴定工作，马上就被调入同级人民法院工作。恰好其曾经办理过的那件故意杀人案被移送至该法院审判。王某所在庭的庭长认为王某熟悉此案，让其参与审理此案，下列做法正确的是（   ）。

A. 没有违背我国有关回避的规定
B. 王某可以回避，也可以不回避
C. 王某应是回避的对象
D. 当事人如果申请王某回避，法院可以让其回避

2. 刑事诉讼中的回避制度是指（   ）。

A. 有关人员因某种情况而不得参加某件具体案件处理工作的诉讼制度
B. 有关司法工作人员到场时，闲杂人员必须退让避开的一种制度

C. 有关司法工作人员到场时，当事人及其他诉讼参与人必须退让避开的一种制度

D. 有关司法工作人员不得在某个地域任职的一种制度

3. 关于回避，下列说法正确的是（　　）。

A. 辩护人是书记员的妹妹，被害人不可以申请回避

B. 被告人以公诉人态度恶劣为由申请回避，法院应通知检察院作出回避决定

C. 书记员是辩护人的胞妹，被害人可以申请回避

D. 左某是某中级人民法院副院长，目击了案发过程，出庭担任证人，被告人可以申请左某回避

4. 某区人民法院在审理宋某故意伤害（重伤）一案时，被害人冯某提出，该法院院长是被告人宋某的姨父，因此申请该院长在审判委员会讨论该案件时回避。对冯某的这一申请，有权作出决定的主体是（　　）。

A. 同级人民代表大会　　　　　　B. 本院审判委员会

C. 同级检察委员会　　　　　　　D. 上一级人民法院

5. 根据有关规定，当事人申请审判人员回避的（　　）。

A. 应当在开庭之前提出　　　　　B. 可以不提出理由

C. 应当以书面提出　　　　　　　D. 可以以口头方式提出

6. 万某是一起诈骗案的被害人，在该案的侦查阶段，万某申请某侦查人员回避，但被驳回，对此，万某可以（　　）。

A. 向作出决定的机关申请复议一次

B. 向作出决定的机关的上一级机关申请复议一次

C. 向人民检察院申请复议一次

D. 向人民法院申诉

7. 在一起公诉案件开庭审理过程中，被告人以"公诉人发表的都是对我不利的意见，法院听了之后肯定会从重判处"为由，在法庭辩论阶段申请出庭的公诉人回避，对该回避申请，审判长应当如何处理？（　　）

A. 宣布休庭，向院长请示　　　　B. 宣布休庭，向检察长汇报

C. 由法庭当庭驳回，不允许申请复议　　D. 由法庭当庭驳回，但允许申请复议

8. 甲为报复某县人民法院审判员乙，绑架了乙不满5岁的女儿丙，丙的母亲丁向县公安局控告甲有绑架嫌疑，公安局立案侦查。甲的妻子戊向公安局反映甲在案发后突然去某地，公安局根据这一线索侦破了此案。对于此案，下列各项观点中哪一个是正确的？（　　）

A. 甲、乙是本案当事人，其他人可作为诉讼参与人

B. 如果某县人民法院审理此案，那么乙应当自行回避

C. 如果某县人民法院审理此案，那么乙可以不回避，因为是甲蓄谋报复乙

D. 甲是被告人，乙和丁是被害人，戊是本案证人

9. 刘某担任盗窃案被告人王某一案的辩护律师。按照我国法律，在诉讼过程中，刘某不享有（　　）。

A. 申请回避权　　　　　　　　　B. 拒绝辩护权

C. 申请延期审理权　　　　　　　D. 申请通知新的证人到庭、调取新的物证权

10. 担任过本案侦查员、检察员、审判员以及充当过本案证人、辩护人的（　　）。

A. 可以担任本案鉴定人　　　　　B. 不能担任本案鉴定人

C. 有时可以担任鉴定人　　　　　D. 有权担任本案鉴定人

11. 对人民法院书记员的回避，有权作出决定的人员是（   ）。
  A. 审判长   B. 本院院长   C. 审判人员   D. 本庭庭长

12. 赵某涉嫌报复陷害罪被检察机关立案侦查，在侦查即将终结时，赵某得知负责办理该案的侦查人员蔡某是被害人的胞兄，遂申请其回避。检察长经审查作出了蔡某回避的决定。对于蔡某在侦查阶段收集的证据，下列哪一选项是正确的？（   ）
  A. 应当排除，不得用作认定案件事实的根据
  B. 由检察机关侦查部门负责人根据情况决定
  C. 由检察委员会或者检察长根据案件具体情况决定
  D. 在审判时，由人民法院根据案件具体情况作出裁判

13. 甲涉嫌刑讯逼供罪被立案侦查。甲以该案侦查人员王某与被害人存在近亲属关系为由，提出回避申请。对此，下列哪一选项是错误的？（   ）
  A. 王某可以口头提出自行回避的申请
  B. 作出回避决定以前，王某不能停止案件的侦查工作
  C. 王某的回避由公安机关负责人决定
  D. 如甲的回避申请被驳回，甲有权申请复议一次

14. 齐某在A市B区利用网络捏造和散布虚假事实，宣称刘某系当地黑社会性质组织"大哥"，A市中级人民法院院长王某为其"保护伞"。刘某以齐某诽谤为由，向B区法院提起自诉。关于本案处理，下列哪一选项是正确的？（   ）
  A. B区法院可以该案涉及王某为由裁定不予受理
  B. B区法院受理该案后应请求上级法院指定管辖
  C. B区法院受理该案后，王某应自行回避
  D. 齐某可申请A市中级人民法院及其下辖的所有基层法院法官整体回避

15. 下列关于发回重审后的审判组织，说法正确的是（   ）。
  A. 发回重审后原一审法官和书记员应当回避
  B. 发回重审后可以适用独任制，但是原一审法官可以回避
  C. 发回重审后，原一审法官应回避，原一审人民陪审员可以参与
  D. 发回重审后应由3名法官和4名陪审员组成七人合议庭审理

多项选择题

1. 适用回避制度的诉讼参与人有（   ）。
  A. 证人   B. 辩护人   C. 鉴定人   D. 翻译人员

2. 根据《刑事诉讼法》的规定和有关司法解释，我国刑事诉讼中的回避种类有（   ）。
  A. 自行回避   B. 申请回避   C. 指令回避   D. 无因回避

3. 下列人员中，有申请回避权的是（   ）。
  A. 被害人   B. 被害人的诉讼代理人
  C. 被告人   D. 未成年被告人的父母

4. 申请回避的方式是（   ）。
  A. 可以以口头方式   B. 可以以书面方式
  C. 应当以口头方式   D. 应当以书面方式

5. 除办理案件的侦查人员、检察人员和审判人员外，同样适用回避制度的人员还包括（   ）。
  A. 法庭的书记员   B. 人民检察院的书记员
  C. 证人   D. 鉴定人

6. 林某盗版销售著名作家黄某的小说涉嫌侵犯著作权罪，经一审和二审后，二审法院裁定撤销原判，发回原审法院重新审判。关于该案的回避，下列哪些选项是正确的？（   ）

A. 一审法院审判委员会委员甲系林某辩护人妻子的弟弟，黄某的代理律师可申请其回避

B. 一审书记员乙系林某的表弟而未回避，二审法院可以此为由裁定发回原审法院重审

C. 一审合议庭审判长丙系黄某的忠实读者，应当回避

D. 丁系二审合议庭成员，如果林某对一审法院重新审判作出的裁判不服再次上诉至二审法院，丁应当自行回避

7. 回避制度适用的检察人员包括（   ）。

A. 直接负责本案审查批捕的检察员

B. 直接负责本案的审查决定起诉的检察员

C. 对本案有权参与讨论和作出决定的检察长

D. 对本案有权参与讨论和作出决定的检察委员会成员

8. 回避制度适用的审判人员包括（   ）。

A. 直接负责审判本案的审判员

B. 对本案有权参与讨论和作出决定的院长

C. 对本案有权参与讨论和作出决定的庭长

D. 对本案有权参与讨论和作出决定的审判委员会成员

9. 人民检察院的检察委员会，有权决定下列哪些人员回避？（   ）

A. 本检察院的检察长　　　　　　B. 本检察院的检察人员

C. 同级法院的院长　　　　　　　D. 同级公安机关负责人

10. 未成年人小付涉嫌故意伤害袁某，袁某向法院提起自诉。小付的父亲委托律师黄某担任辩护人，袁某委托其在法学院上学的儿子担任诉讼代理人。本案中，下列哪些人有权要求审判人员回避？（   ）

A. 黄某　　　　B. 袁某　　　　C. 袁某的儿子　　　　D. 小付的父亲

名词解释

1. 自行回避
2. 申请回避
3. 指令回避
4. 有因回避
5. 无因回避

简答题

1. 简述《刑事诉讼法》回避的基本情形。
2. 简述被申请回避的人员范围。

论述题

试论述回避制度的意义。

案例分析题

1. 甲男系某村农民，25 岁，进城在工地上当小工赚钱。干活儿当中，与工地外摆摊卖早餐的

乙女慢慢熟识了。甲男自称来自某省，虽家在农村，但家里承包有几百亩果园，自己在那儿也开设有工厂，工人有300余名。乙女便求甲男为其找一份工作，甲男答应了。乙女未告诉家里人，第二天便收拾行李与甲男上了火车。后甲男将乙女带至自己住处，强行奸污乙女多次。后公安机关根据群众举报，将甲男抓获，并将乙女解救出来。法院在审理此案过程中，甲男提出申请，要求审判员丙回避，理由是丙与乙女都是同一个城里的人，丙肯定会在审案过程中偏向乙女。甲男的回避申请被审判长当庭驳回。经查，乙女与丙素不相识。

问：

（1）甲男提出的回避理由是否充分？

（2）审判员丙的回避应由谁决定？

2. 胡某故意伤害范某一案，由某县公安局负责侦查，胡某在第一次被讯问后，发现负责本案侦查的侦查员代某是自己伤害范某的现场目击者，于是胡某提出申请，要求代某回避。但代某表示自己一定会公正处理案件，因此坚决不回避。后此案被起诉到人民法院，在开庭审理前，范某的诉讼代理人张某请该案合议庭审判员雷某到饭店吃饭，边吃边向雷某介绍案情。开庭审理时，胡某以此为由申请雷某回避。审判长以该理由不合法当庭驳回了胡某的申请。

问：

（1）代某是否应当回避？为什么？

（2）代某是否应当回避的决定应由谁作出？回避决定作出前，代某是否应当停止对本案的侦查工作？为什么？

（3）胡某申请雷某回避的理由是否符合法定情形？

（4）审判长有无权力当庭驳回胡某的回避申请？

（5）胡某如不服驳回申请的决定，可否申请复议？

（6）胡某提出申请后，法院作出决定前，雷某是否应当暂停对本案的审判工作？

第九章 辩护与代理

基础知识图解

```
          ┌ 辩护、辩护权以及辩护制度的概念
          │                 ┌ 从自行辩护向辩护人辩护的发展
          │ 刑事辩护的历史发展 ┤ 从委托辩护向法律援助辩护的发展
          │                 └ 从主要是审判中的实体辩护向审前阶段的程序辩护发展
      辩护 ┤ 种类：自行辩护、委托辩护、指派辩护
          │       ┌ 范围：律师，人民团体或犯罪嫌疑人、被告人单位推荐的人以及其监护人、亲友
          │       │ 责任：从实体、程序上为犯罪嫌疑人、被告人进行辩护并提供其他法律帮助
          │ 辩护人 ┤ 诉讼地位：独立的主体
          │       │ 诉讼权利和诉讼义务：（《刑事诉讼法》第38条、第39条、第40条、第41条、
辩护与代理┤       │                    第42条、第43条、第191条、第192条、第227条以及
          │       └                    《律师法》第33条至第38条规定）
          │     ┌ 概念：代理人接受公诉案件的被害人及其法定代理人或其近亲属、自诉案件的自诉人
          │     │       及其法定代理人、附带民事诉讼的当事人及其法定代理人的委托，以被代理人
          │     │       名义参加诉讼，由被代理人承担代理的法律后果的一项诉讼活动
      代理 ┤     ┌ 自诉案件的代理
          │ 类型 ┤ 公诉案件中被害人代理
          │     └ 附带民事诉讼的代理
```

配套测试

单项选择题

1. 某监狱的一名管教因涉嫌体罚、虐待被监管人员被人民检察院立案侦查，侦查终结后，案件由人民检察院的侦查部门移送至本院的审查起诉部门审查起诉，继而向人民法院提起公诉。本案中，这名管教打算委托一名辩护人，则他从什么时候起可以委托辩护人？（　　）

A. 自案件进入人民检察院之日起
B. 自其被第一次讯问或者采取强制措施之日起
C. 自案件由人民检察院的侦查部门移送至审查起诉部门之日起
D. 自案件起诉至人民法院之日起

2. 李某与赵某是邻居，平时关系紧张，一日两人因琐事发生争吵，进而互殴，李某将赵某打伤，经法医鉴定为轻微伤。赵某对李某提起了刑事自诉，则李某何时可以聘请辩护人？（　　）

　　A. 自法院向其送达起诉书副本之日起
　　B. 在本案开庭审理之后
　　C. 自其被采取强制措施之日起
　　D. 可以随时委托辩护人

3. 在刑事诉讼中，犯罪嫌疑人、被告人除自己行使辩护权外，还可以委托他人作为自己的辩护人。关于一名犯罪嫌疑人或者被告人可以委托的辩护人的人数，下列哪种说法是正确的？（　　）

　　A. 只能是一名
　　B. 可以是两名
　　C. 只能是两名
　　D. 犯罪嫌疑人最多委托一名，被告人可以委托两名

4. 我国《刑事诉讼法》规定了刑事代理制度，下列人员中不能委托诉讼代理人的是（　　）。

　　A. 自诉人的近亲属　　　　　　　　B. 被害人的近亲属
　　C. 附带民事诉讼的原告人　　　　　D. 附带民事诉讼的被告人

5. 一日夜间，江某和贺某共同潜入一家商店，盗窃了价值2万余元的皮大衣。事发后，二人被依法提起公诉。江某聘请了一名律师担任其辩护人，而贺某没有委托辩护人。对此，人民法院（　　）。

　　A. 应当要求贺某委托辩护人
　　B. 必须通知法律援助机构为贺某指派辩护人
　　C. 可以通知法律援助机构为贺某指派辩护人，即使贺某本人并非经济困难
　　D. 只有当贺某因经济困难而没有委托辩护人时，才应通知法律援助机构为其指派辩护人

6. 法官齐某从A县法院辞职后，在其妻洪某开办的律师事务所从业。关于齐某与洪某的辩护人资格，下列哪一选项是正确的？（　　）

　　A. 齐某不得担任A县法院审理案件的辩护人
　　B. 齐某和洪某不得分别担任同案犯罪嫌疑人的辩护人
　　C. 齐某和洪某不得同时担任同一犯罪嫌疑人的辩护人
　　D. 洪某可以律师身份担任A县法院审理案件的辩护人

7. 在整个刑事诉讼中，犯罪嫌疑人、被告人实现其辩护权的基本方式是（　　）。

　　A. 委托律师辩护　　　　　　　　　B. 委托亲友辩护
　　C. 自行辩护　　　　　　　　　　　D. 法律援助辩护

8. 下列人员中不能担任辩护人的是（　　）。

　　A. 曾受刑事处罚的人
　　B. 正在被执行刑罚或者依法被剥夺、限制人身自由的人
　　C. 曾被剥夺政治权利的人
　　D. 三年前曾在审理该案的法院任审判员的人

9. 小亮今年22岁，在一家公司打工，因为交通肇事而被推上了法院的刑事被告席。小亮打算委托一人作为自己的辩护人，在他提出的下列人选中，人民法院可以准许的有（　　）。

　　A. 他的好朋友，公司的法律部负责人，外国人史密斯
　　B. 他在监狱工作的表姨父
　　C. 他的一位在人民检察院工作的哥哥
　　D. 目睹了他交通肇事行为的好朋友小张

10. 自诉案件的被告人有权随时委托辩护人，人民法院也有义务告知被告人有权委托辩护人，其告知时间是（　　）。

  A. 在接到案件后 3 日内   B. 在决定受理案件后 3 日内

  C. 在接到案件后 7 日内   D. 在决定受理案件后 7 日内

11. 在审查起诉阶段，人民检察院有义务保证犯罪嫌疑人行使辩护权，其应当告知犯罪嫌疑人有权委托辩护人的时间是（　　）。

  A. 在收到移送审查起诉的案件材料后 7 日以内

  B. 在收到移送审查起诉的案件材料之日起 3 日以内

  C. 在收到移送审查起诉的案件材料后 10 日以内

  D. 在收到移送审查起诉的案件材料后至决定提起公诉前的任何时候

12. C 市人民法院受理陈某盗窃案后，因陈某系未成年人，即通知法律援助机构指派律师高某作为陈某的辩护人。开庭审理时，陈某以刚刚知道自己的父亲与辩护人高某的姐姐在一个单位且向来关系不好为理由，拒绝高某继续为其辩护，同时提出不需要辩护人而由自己进行辩护。对此，C 市人民法院应按下列哪个选项处理？（　　）

  A. 应当准许，并记录在案

  B. 准许陈某拒绝高某继续辩护，但要求陈某另行委托辩护人或者通知法律援助机构另行为陈某指派辩护人

  C. 通知陈某的近亲属，由其亲属决定是否需要辩护人辩护

  D. 不准陈某拒绝高某继续辩护

13. 郭某因盗窃罪被人民法院提起公诉，但因为经济困难所以无力聘请律师，于是其向人民法院申请法律援助。下列对刑事诉讼中法律援助的陈述不正确的是（　　）。

  A. 公民在刑事诉讼方面需要获得律师帮助，但是无力支付律师费用的，可以按照国家规定获得法律援助

  B. 被告人可能被判处无期徒刑、死刑而没有委托辩护人的，人民法院应当通知法律援助机构指派律师为其提供辩护

  C. 被告人是盲、聋、哑或者未成年人而没有委托辩护人的，人民法院应当通知法律援助机构指派律师为其提供辩护

  D. 被告人没有委托辩护人的，法律援助机构应当指派律师为其提供辩护

14. 郭某涉嫌犯罪被逮捕，随后委托律师姜某担任辩护人。关于姜某履行辩护职责，下列哪一选项是正确的？（　　）

  A. 姜某到看守所会见郭某时，可带 1 至 2 名律师助理协助会见

  B. 看守所可对姜某与郭某的往来信件进行必要的检查，但不得截留、复制

  C. 姜某申请法院收集、调取证据而法院不同意的，法院应书面说明不同意的理由

  D. 法庭审理中姜某作无罪辩护的，可当庭对郭某从轻量刑的问题发表辩护意见

15. 根据《刑事诉讼法》的规定，辩护律师收集到的下列哪一证据应及时告知公安机关、检察院？（　　）

  A. 强奸案中被害人系精神病人的证据

  B. 故意伤害案中犯罪嫌疑人系正当防卫的证据

  C. 投放危险物质案中犯罪嫌疑人案发时在外地出差的证据

  D. 制造毒品案中犯罪嫌疑人犯罪时刚满 16 周岁的证据

16. 马某盗窃案被公安机关立案侦查，关于本案侦查阶段辩护人的行为合法的是（　　）。

  A. 找目击证人核实证据

C. 侦查终结找侦查机关复制起诉意见书
C. 检察院审查批捕期间申请检察院调查嫌疑人无罪的证据
D. 将获得的犯罪嫌疑人不在犯罪现场的证据告知公安机关

17. 关于值班律师，下列说法正确的是（　　）。
A. 办案机关讯问犯罪嫌疑人时，值班律师可以在场
B. 当犯罪嫌疑人委托辩护律师后，值班律师在场签署的认罪认罚具结书自动失效
C. 值班律师可以为犯罪嫌疑人代为申请取保候审
D. 值班律师与辩护律师的权利和义务是相同的

18. 下列关于值班律师的权利，表述正确的是（　　）。
A. 值班律师在移送审查起诉时有权阅卷、复制和摘抄
B. 值班律师会见当事人可能存在危险的，看守所可以派人陪同
C. 被告人已经签署认罪认罚具结书，但值班律师以检察院量刑过重为由拒绝签字
D. 犯罪嫌疑人表明不需要值班律师的，值班律师仍可主动帮忙

多项选择题

1. 《刑事诉讼法》中的"诉讼代理人"是指（　　）。
A. 犯罪嫌疑人、被告人委托的辩护人
B. 公诉案件的被害人及其法定代理人或者近亲属委托的代为参加诉讼的人
C. 自诉案件的自诉人及其法定代理人委托的代为参加诉讼的人
D. 附带民事诉讼的当事人及其法定代理人委托的代为参加诉讼的人

2. 关于有效辩护原则，下列哪些理解是正确的？（　　）
A. 有效辩护原则的确立有助于实现控辩平等对抗
B. 有效辩护是一项主要适用于审判阶段的原则，但侦查、审查起诉阶段对辩护人权利的保障是审判阶段实现有效辩护的前提
C. 根据有效辩护原则的要求，法庭审理过程中一般不应限制被告人及其辩护人发言的时间
D. 指派没有刑事辩护经验的律师为可能被判处无期徒刑、死刑的被告人提供法律援助，有违有效辩护原则

3. 刘某涉嫌危害国家安全犯罪被指定居所监视居住，律师洪某担任其辩护人。关于洪某在侦查阶段参与刑事诉讼，下列哪些选项是正确的？（　　）
A. 会见刘某应当经公安机关许可
B. 可申请将监视居住的地点变更为刘某的住处
C. 可向刘某核实有关证据
D. 会见刘某不受监听

4. 辩护律师取证的方式有（　　）。
A. 强制收集证人证言
B. 经证人或者其他有关单位和个人同意，向他们收集与本案有关的材料
C. 申请人民检察院、人民法院收集、调取证据
D. 申请人民法院通知证人出庭作证

5. 常某因故意杀人罪被起诉至人民法院，辩护人认为本案事实清楚，证据确实充分，定性准确，辩护人没有异议。常某于是当庭拒绝辩护人继续为其辩护。对此，下列哪些说法是正确的？（　　）
A. 人民法院不应准许

B. 人民法院应当准许

C. 拒绝辩护人为其辩护是被告人的权利

D. 被告人可以另行委托辩护人

6. 根据《刑事诉讼法》和有关的司法解释，被告人没有委托辩护人而又具有哪些情形的，人民法院应当通知法律援助机构为其指派辩护律师？（　　）

A. 犯罪时不满18周岁，开庭审理时已满18周岁

B. 可能被判处死刑的人

C. 盲人

D. 聋哑人

7. 根据我国《刑事诉讼法》的规定，在审查起诉阶段，辩护律师可以查阅、摘抄、复制的材料有（　　）。

A. 证人证言　　　　　　　　　B. 鉴定意见

C. 批准逮捕决定书　　　　　　D. 起诉意见书

8. 徐某17岁时抢劫他人财物，2年后被公安机关立案侦查。同他一起被立案侦查的还有其朋友阮某。公安机关经侦查查明阮某并未参与抢劫行为，只是经常和徐某在一起厮混而已，因而撤销了关于阮某的案件部分。徐某最终被起诉至人民法院。人民法院开庭审理了此案。对于此案，下列说法正确的是（　　）。

A. 当徐某未委托辩护人时，人民法院也可以不通知法律援助机构为其指派律师提供辩护

B. 徐某可以委托阮某作为他的辩护人

C. 徐某可以委托他的一位在人民检察院工作的表兄作为辩护人

D. 徐某可以委托他的正在该人民法院任法官的姐姐作为辩护人

9. 段某因受人侮辱而向人民法院提起诉讼，要求追究行为人杨某的刑事责任。人民法院受理案件后，段某委托了一名律师代理自己诉讼。对此，下列说法正确的有（　　）。

A. 该律师必须向人民法院提交由段某签名或者盖章的委托书

B. 该律师可以代段某出庭参加法庭审理

C. 该律师可以在法庭上与被告人杨某及其辩护人进行辩论

D. 该律师可以在一审判决作出后，提出上诉

10. 在人民法院审理的一件案子中，被告人王某刚满17周岁，人民法院依法通知法律援助机构为其指派了辩护律师，但是被告人王某坚持自己行使辩护权，拒绝法律援助律师为其辩护，则下列说法符合有关规定的是（　　）。

A. 被告人无权拒绝法律援助辩护

B. 人民法院应当不予准许

C. 人民法院应当先审查，被告人有正当理由的，应当准许

D. 人民法院准许后，应当通知法律援助机构为其另行指派辩护律师或者由被告人另行委托辩护人

11. 未成年人小肖因故意伤害他人被立案侦查，法律援助机构为其指派律师李某进行辩护。该案移送审查起诉后，肖父另行委托律师为小肖辩护。肖父在检察官讯问时因故未能到场，在法院开庭审理时到场。关于本案的处理，下列哪些选项是正确的？（　　）

A. 李某发现小肖另有辩护人后，应及时向法律援助机构报告

B. 如小肖明确拒绝合适成年人到场，检察官可不再安排合适成年人到场

C. 如值班律师对小肖认罪认罚有异议，小肖不需要签署具结书

D. 法庭应在小肖最后陈述后，询问肖父是否补充陈述

12. 在人民检察院对案件审查起诉期间，关于辩护律师的诉讼权利，下列哪些说法是正确的？（   ）
   A. 可以不经人民检察院许可，同在押的犯罪嫌疑人会见
   B. 必须经人民检察院许可，才能同在押的犯罪嫌疑人会见
   C. 可以不经人民检察院许可，同在押的犯罪嫌疑人通信
   D. 必须经人民检察院许可，才能同在押的犯罪嫌疑人通信

13. 对辩护人资格的特殊限制和要求有（   ）。
   A. 剥夺政治权利的人，在被剥夺政治权利期间，除非是被告人的近亲属、监护人，不能担任辩护人
   B. 辩护人不能是本案的证人、鉴定人
   C. 可能被判处死刑的被告人的辩护人要由法律援助机构指派
   D. 公、检、法机关的现职工作人员，以及人民陪审员，除非是被告人的近亲属、监护人，不宜担任辩护人

14. 马某被人民检察院指控犯有抢劫罪，同他一起被指控的还有谢某某。在人民法院受理案件后，马某的辩护律师黄某，提出要向被害人收集一些材料。身为某公司职员的谢某某的哥哥谢某，由于被谢某某委托为辩护人，因而以辩护人的身份提出要向被害人所提供的一名证人夏某收集一些材料。对于上述情况的处理，下述说法正确的是（   ）。
   A. 黄某和谢某都无权直接向被害人或夏某收集与案件有关的材料
   B. 谢某向夏某收集有关材料需经过夏某的同意，而黄某向被害人收集有关材料则不需被害人的同意
   C. 黄某可以申请人民法院向被害人收集有关材料，而谢某则无权向人民法院提出类似的申请
   D. 谢某向夏某收集有关材料要经过夏某的同意和人民法院的许可，而黄某向被害人收集有关材料也需要经过被害人的同意和人民法院的许可

15. 辩护律师有权从事下列哪些活动？（   ）
   A. 说服证人改变证言以利于辩护工作的开展
   B. 自人民检察院对案件审查起诉之日起，查阅、摘抄、复制本案的案卷材料，同在押的犯罪嫌疑人会见和通信
   C. 持律师执业证书、律师事务所证明和委托书或者法律援助公函会见在押的犯罪嫌疑人
   D. 经证人或者其他有关单位和个人同意，向他们收集与本案有关的材料；申请人民检察院、人民法院收集、调取证据，或者申请人民法院通知证人出庭作证

16. 马某因故意伤害而被人民检察院依法起诉至人民法院。案件进入人民法院后，马某一直想委托辩护人，在他的脑子里有这样几位人选，甲，本单位有名的"小能人"，懂法律，但半年前被法院判处管制10个月；乙，自己的一位朋友，曾因打架而被判处有期徒刑1年，半年前刑满释放，现为个体户；丙，自己的一位亲戚，国家干部；丁，某法律刊物的撰稿人，因非法出版刊物而在3个月前被人民法院判处剥夺政治权利10个月。在这四个人当中，能够被马某委托为辩护人的是（   ）。
   A. 甲   B. 乙   C. 丙   D. 丁

17. 陈律师接受犯罪嫌疑人丁某的委托，在案件的侦查阶段作为丁某的辩护人为其提供法律帮助。在此阶段，陈律师可以履行哪些职责？（   ）
   A. 向侦查机关了解丁某涉嫌的罪名   B. 为丁某提供法律咨询
   C. 了解案件有关情况   D. 代理丁某申诉和控告

18. 被告人郑某因故意杀人罪被起诉，因为郑某符合法律援助的条件，法院通知法律援助机构给他指派了辩护律师，但郑某坚持要自己进行辩护。下列有关刑事诉讼中拒绝辩护的表述正确的是（　　）。

　　A. 在刑事审判过程中，被告人可以拒绝辩护律师为其辩护，这种拒绝一经提出，就应当生效

　　B. 被告人坚持自己行使辩护权，拒绝法律援助机构指派的辩护律师为其辩护的，人民法院一般不予准许

　　C. 辩护律师接受委托之后，没有正当理由，不得拒绝辩护

　　D. 如果委托事项违法，委托人利用律师提供的服务从事违法活动或者委托人隐瞒事实的，律师有权拒绝辩护

19. 某市法院审理被告人赵某故意伤害案，通知法律援助机构为其指派了辩护律师。庭审中，赵某拒绝辩护律师为其辩护，合议庭的下列哪些做法是正确的？（　　）

　　A. 赵某要求另行委托辩护人时，应当同意，并宣布延期审理

　　B. 赵某要求另行指派辩护律师时，应当同意，并宣布延期审理

　　C. 赵某要求另行指派辩护律师时，不应当同意，并宣布继续审理

　　D. 赵某另行委托辩护人的，自宣布延期审理之日起至第10日止，准备辩护时间不计入审限

20. 下列关于辩护人介入刑事诉讼的时间的有关陈述中，正确的是（　　）。

　　A. 被告人有权随时委托辩护人

　　B. 人民检察院自收到移送审查起诉的案件材料之日起3日以内，应当告知犯罪嫌疑人有权委托辩护人。人民法院自受理自诉案件之日起3日以内，应当告知被告人有权委托辩护人

　　C. 侦查机关在第一次讯问犯罪嫌疑人或者对其采取强制措施时应当告知犯罪嫌疑人有权委托辩护人

　　D. 犯罪嫌疑人在被侦查机关第一次讯问或者采取强制措施之日起，有权委托辩护人

21. 关于辩护人的辩护主张与司法机关及犯罪嫌疑人、被告人的关系，下列哪些说法是正确的？（　　）

　　A. 独立于公安机关　　　　　　B. 独立于检察机关
　　C. 独立于审判机关　　　　　　D. 独立于犯罪嫌疑人和被告人

22. 在刑事诉讼中，下列哪些诉讼参与人可以由他人代理实施诉讼行为？（　　）

　　A. 附带民事诉讼当事人的近亲属　　B. 被害人
　　C. 自诉人　　　　　　　　　　　　D. 证人

不定项选择题

小张因故意伤害行为而被公安机关立案侦查，在公安机关侦查期间，小张委托了律师王某担任辩护人为其提供帮助，王某在接受委托后就向公安机关提出要会见小张；后来该案件被移送人民检察院审查起诉，在此期间，小张委托他的好朋友小刘作为他的辩护人。小刘是一所中学的政治老师，接受委托后，他向人民检察院提出要同小张会见并通信。

（1）本案中，关于说法不正确的是（　　）。

　　A. 公安机关可以拒绝小张委托律师的申请

　　B. 公安机关应当拒绝小张委托律师的申请

　　C. 公安机关应当拒绝王某要会见小张的申请

　　D. 公安机关可以拒绝王某要会见小张的申请

（2）关于小刘提出的申请，下列说法正确的是（　　）。

　　A. 人民检察院应当拒绝小刘的申请

B. 人民检察院可以拒绝小刘的申请
C. 人民检察院不能拒绝小刘的申请
D. 人民检察院可以以案件事实不清，证据不足为由拒绝小刘的申请

名词解释

1. 刑事法律援助制度
2. 辩护权

简答题

1. 简述刑事诉讼中的代理。
2. 简述我国刑事诉讼中哪些人可以充当辩护人。

论述题

试论刑事诉讼中的控辩平衡。

案例分析题

1. 在一起放火案中，某造纸厂的一个仓库被他人放火焚烧，造成直接经济损失50万元。事后经查明，放火者是另一个造纸厂的厂长。案件经公安机关侦查终结后，移送人民检察院审查起诉，某造纸厂提出要委托诉讼代理人。人民检察院则说：公诉案件的被害人指的是自然人，不包括单位，因而法律上所说的"被害人及其法定代理人或者近亲属有权委托诉讼代理人"不能适用于某造纸厂。如果某造纸厂确实要委托诉讼代理人，也只能提起附带民事诉讼，以附带民事诉讼原告人的身份委托诉讼代理人，并且要在人民法院受理案件之后才能委托诉讼代理人。无奈，某造纸厂只好提起了附带民事诉讼，并在案件起诉至人民法院后委托了在某监狱任职的严某作为诉讼代理人。在法院审判过程中，严某去人民法院查阅、复制案件有关材料，了解案情，人民法院没有准许。严某因此辞去了诉讼代理人的职务。某造纸厂要求另行委托诉讼代理人，被人民法院告知：只能在法庭开庭审理之前委托诉讼代理人，现在已进入法庭审理中的阶段，因而某造纸厂不能再委托诉讼代理人了。人民法院最后作出了刑事附带民事判决。

问：（1）本案中，人民检察院的说法是否正确？
（2）本案中，人民法院是否有权不允许严某查阅、复制有关材料？
（3）最后，法院不允许某造纸厂再次委托诉讼代理人的理由是否正确？

2. 吕某（17岁）因抢劫被公安机关抓获，在侦查过程中，吕某提出要求委托一名律师，并且要求在侦查期间与律师会见。侦查人员答复说，公诉案件中的犯罪嫌疑人只有在案件移送审查起诉之日起才能委托辩护人，侦查阶段不能委托律师。后此案经公安机关侦查终结，移送人民检察院审查起诉。人民检察院在收到移送审查起诉的案件材料后的第6天，告知吕某有权委托辩护人。吕某说自己是未成年人，根据法律规定，应当由国家为他提供律师，因此他不想自己花钱支付律师费，要求人民检察院为他提供法律援助辩护。人民检察院拒绝了他的这一要求。后市人民检察院向市中级人民法院提起公诉。市中级人民法院在开庭前10日将起诉书副本送达了吕某，发现他还没有委托辩护人，于是通知法律援助机构指派律师董某为吕某辩护。在法院开庭审理过程中，吕某提出董某对案情根本不熟，纯属应付，拒绝董某继续为他辩护。市中级人民法院经劝说无效，同意吕某在没有律师辩护的情况下接受审判，并作出了一审判决。

问：（1）吕某在侦查阶段是否有权委托律师并与律师会见？侦查人员的说法正确与否？

（2）人民检察院在收到移送审查起诉的案件材料后第 6 日告知犯罪嫌疑人具有委托辩护人的权利，是否违反了法律的规定？

（3）在审查起诉阶段，人民检察院是否有义务为吕某提供法律援助辩护？

（4）市中级人民法院在审判阶段为吕某提供法律援助辩护，是否正确，为什么？

（5）吕某拒绝律师董某为其辩护，法院在吕某没有律师的情况下进行审判是否合法？

第十章 证据概述

基础知识图解

证据概述
- 刑事诉讼证据：是指以法律规定的形式表现出来的，能够证明案件真实情况的一切事实
- 刑事证据的本质特征：客观性、关联性、合法性
- 刑事证据的意义：是整个刑事诉讼活动的基础和核心；是公安司法机关进行立案、侦查、起诉和审理，以及定罪判刑的依据；是迫使犯罪分子认罪服法，接受改造的有力武器；是保障无罪的人不受刑事追究，实行辩护的重要手段；是对群众进行法治教育的工具
- 证据制度的理论基础
  - 辩证唯物主义认识论
  - 程序主义
- 证据的种类：物证；书证；证人证言；被害人陈述；犯罪嫌疑人、被告人的供述和辩解；鉴定意见；勘验、检查、辨认、侦查实验等笔录；视听资料、电子证据
- 证据的分类
  - 概念：在理论上将刑事证据按照不同的标准划分为不同类别
  - 具体分类
    - 言词证据与实物证据：证据表现形式不同
    - 有罪证据与无罪证据：证据的内容和证明作用不同
    - 原始证据与传来证据：证据来源不同
    - 直接证据与间接证据：证据与案件主要事实的证明关系不同

配套测试

单项选择题

1. 关于《刑事诉讼法》规定的证明责任分担，下列哪一选项是正确的？（　　）
A. 公诉案件中检察院负有证明被告人有罪的责任，证明被告人无罪的责任由被告方承担
B. 自诉案件的证明责任分配依据"谁主张，谁举证"的法则确定
C. 巨额财产来源不明案中，被告人承担说服责任
D. 非法持有枪支案中，被告人负有提出证据的责任

2. 在一起水上浮尸案的现场，侦查人员发现了一封遗书，根据遗书记载的内容，侦查人员推断出死者的家庭、身份，同时，又根据笔迹鉴定，推断出此遗书确系死者所写。本案中的遗书，属于下列哪种证据？（　　）
A. 书证
B. 物证
C. 既是书证，又是物证
D. 被害人陈述

3. 某公安机关通过小区内的闭路监视系统破获一盗窃团伙，收缴赃款 10 万元，缴获大量金戒指、金项链、光盘等赃物。下列选项中错误的是（　　）。

　　A. 现金、金项链、金戒指等属于物证

　　B. 光盘属于物证

　　C. 监视系统拍摄的资料属于视听资料

　　D. 光盘和监视系统拍摄的图像属于视听资料

4. 在一起故意伤害案中，被害人头部受伤。公安机关派法医对被害人进行了伤情鉴定。由于被害人被打后精神恍惚，父母带其到省级人民政府指定的医院对伤害情况及精神状况进行了检查，并由医院出具了伤害情况和精神状况的诊断书，本案中，哪项属于证据种类中的鉴定意见？（　　）

　　A. 医院出具的伤情诊断书

　　B. 法医出具的伤情鉴定书

　　C. 医院出具的精神状况诊断书

　　D. 医院出具的伤情诊断书、精神状况诊断书和伤情鉴定书

5. 下列被害人陈述的有关表述中错误的是（　　）。

　　A. 被害人陈述有两种：一种是与犯罪分子有直接接触或耳闻目睹犯罪行为的被害人陈述，另一种是与犯罪分子没有直接接触或耳闻目睹犯罪行为的被害人陈述

　　B. 在单位成为刑事被害人的时候，单位法定代表人或部门负责人的陈述即属于被害人陈述

　　C. 被害人陈述必须经过与犯罪嫌疑人、被告人的对质之后，才能作为定案的证据

　　D. 被害人陈述收集的程序与证人证言的收集程序基本相同

6. 下列有关鉴定意见的表述中，不正确的是（　　）。

　　A. 鉴定意见不同于证人证言，证人不能兼作鉴定人，如果被指派或聘请的人在诉讼之前已经了解了案件的情况，则只能作证人，不能作鉴定人

　　B. 医疗单位的诊断证明书是鉴定意见的一种

　　C. 鉴定人必须是与案件没有利害关系的人

　　D. 用作定案根据的鉴定意见必须告知被告人，被告人有权提出重新鉴定和补充鉴定

7. 关于证据的关联性，下列哪一选项是正确的？（　　）

　　A. 关联性仅指证据事实与案件事实之间具有因果关系

　　B. 具有关联性的证据即具有可采性

　　C. 证据与待证事实的关联度决定证据证明力的大小

　　D. 类似行为一般具有关联性

8. 下列证据中，可能成为直接证据的是（　　）。

　　A. 杀人凶器　　　　B. 血迹　　　　C. 指纹　　　　D. 被害人陈述

9. 甲听乙说，乙亲眼看到张三用刀将被害人砍伤，甲提供的证言是（　　）。

　　A. 直接证据　　　　B. 间接证据　　　　C. 原始证据　　　　D. 辩护证据

10. 下列证据中，既属于直接证据又属于原始证据的是（　　）。

　　A. 证人关于被害人品德的证言　　　　B. 被害人关于张某抢劫其财物的陈述

　　C. 鉴定意见　　　　D. 杀人凶器

11. 甲涉嫌盗窃室友乙存放在储物柜中的笔记本电脑一台并转卖他人，但甲辩称该电脑系本人所有，只是暂存于乙处。下列哪一选项既属于原始证据，又属于直接证据？（　　）

　　A. 侦查人员在乙储物柜的把手上提取的甲的一枚指纹

　　B. 侦查人员在室友丙手机中直接提取的视频，内容为丙偶然拍下的甲打开储物柜取走电脑的过程

C. 室友丁的证言，内容是曾看到甲将一台相同的笔记本电脑交给乙保管

D. 甲转卖电脑时出具的现金收条

12. 公安机关发现一具被焚烧过的尸体，因地处偏僻且天气恶劣，无法找到见证人，于是对勘验过程进行了全程录像，并在笔录中注明原因。法庭审理时，辩护人以勘验时没有见证人在场为由，申请排除勘验现场收集的物证。关于本案证据，下列哪一选项是正确的？（　　）

A. 因违反取证程序的一般规定，应当排除

B. 应予以补正或者作出合理解释，否则予以排除

C. 不仅物证应当排除，对物证的鉴定意见等衍生证据也应排除

D. 有勘验过程全程录像并在笔录中已注明理由，不予排除

13. 下列哪一选项属于传闻证据？（　　）

A. 甲作为专家辅助人在法庭上就一起伤害案的鉴定意见提出的意见

B. 乙了解案件情况但因重病无法出庭，法官自行前往调查核实的证人证言

C. 丙作为技术人员"就证明讯问过程合法性的同步录音录像是否经过剪辑"在法庭上所作的说明

D. 丁曾路过发生杀人案的院子，其开庭审理时所作的"当时看到一个人从那里走出来，好像喝了许多酒"的证言

14. 某地发生一起以爆炸手段故意杀人致多人伤亡的案件。公安机关立案侦查后，王某被确定为犯罪嫌疑人。关于本案辨认，下列哪一选项是正确的？（　　）

A. 证人甲辨认制造爆炸物的工具时，混杂了另外4套同类工具

B. 证人乙辨认犯罪嫌疑人时未同步录音或录像，辨认笔录不得作为定案的依据

C. 证人丙辨认犯罪现场时没有见证人在场，辨认笔录不得作为定案的依据

D. 王某作为辨认人时，陪衬物不受数量的限制

15. 下列哪一证据规则属于调整证据证明力的规则？（　　）

A. 传闻证据规则　　　　　　　　　　B. 非法证据排除规则

C. 关联性规则　　　　　　　　　　　D. 意见证据规则

多项选择题

1. 公安机关在一起案件的侦查过程中，收集到的证据有犯罪嫌疑人对其犯罪行为的供述，被害人妻子提供的证言，为判断犯罪嫌疑人精神是否正常所作的鉴定，现场勘验、检查笔录、凶器。以上证据中，哪些属于言词证据？（　　）

A. 犯罪嫌疑人对其犯罪行为的供述　　B. 被害人妻子提供的证言

C. 鉴定意见　　　　　　　　　　　　D. 勘验、检查笔录

2. 王富贵酒后驾驶，在地下商场撞损4辆汽车后逃逸，被保安发现报警，警察何某赶赴现场将其抓获。在现场进行讯问时，王富贵说自己喝了4两白酒，经酒精测试仪测试为191mg/100ml。之后再次讯问时，王富贵又说只喝了一瓶啤酒，白酒是在逃逸后喝的。检察机关以王富贵犯危险驾驶罪提起公诉，以下哪些证据经转化，查证属实后可作为定案依据？（　　）

A. 何某抓获王富贵时的情况说明　　　B. 何某关于现场讯问的讯问笔录

C. 王富贵车上的行车记录仪视频　　　D. 关于王富贵醉酒驾车的鉴定意见

3. 下列哪些选项属于刑事诉讼中的证明对象？（　　）

A. 行贿案中，被告人知晓其谋取的系不正当利益的事实

B. 盗窃案中，被告人的亲友代为退赃的事实

C. 强奸案中，用于鉴定的体液检材是否被污染的事实

D. 侵占案中，自诉人申请期间恢复而提出的其突遭车祸的事实，且被告人和法官均无异议

4. 公安司法机关运用鉴定意见，应当遵循哪些规定？（　　）

A. 将用作证据的鉴定意见告知犯罪嫌疑人、被告人、被害人

B. 将用作证据的鉴定意见告知诉讼代理人

C. 在开庭审理时，鉴定意见必须当庭宣读

D. 鉴定人一般应当出庭对鉴定过程和内容作出说明

5. 甲驾车将昏迷的乙送往医院，并垫付了医疗费用。随后赶来的乙的家属报警称甲驾车撞倒乙。急救中，乙曾短暂清醒并告诉医生自己系被车辆撞倒。医生将此话告知警察，并称从甲送乙入院时的神态看，甲应该就是肇事者。关于本案证据，下列哪些选项是正确的？（　　）

A. 甲垫付医疗费的行为与交通肇事不具有关联性

B. 乙告知医生"自己系被车辆撞倒"属于直接证据

C. 医生基于之前乙的陈述，告知警察乙系被车辆撞倒，属于传来证据

D. 医生认为甲是肇事者的证词属于符合一般生活经验的推断性证言，可作为定案依据

6. 张某向侦查人员说，他和李某在喝酒时，李某无意中提起其曾经强奸过一个女孩的经过。张某向侦查机关提供的证据，属于证据分类中的哪一种？（　　）

A. 间接证据　　B. 传来证据　　C. 有罪证据　　D. 言词证据

7. 甲在乘车时，持有的茶叶盒里装的 300g 冰毒被当地侦查机关抓获，经查，盒子上有甲的指纹，还查到甲与杨某 29 次通话记录，甲辩解称自己不知道。下列哪些属于间接证据？（　　）

A. 甲与杨某的 29 次通话记录

B. 茶叶盒中的 300g 冰毒

C. 甲辩称自己不知道茶叶盒里装的是毒品，茶叶盒是朋友杨某放在自己车上的

D. 茶叶盒上提取到的甲的指纹

8. 2013 年 2 月，某市发生一起投毒案件，刘某被公安机关列为犯罪嫌疑人，刘某的邻居张某在案发前一小时左右看到刘某鬼鬼祟祟地离家而去，在诉讼中，张某被控方列为证人。下列属于刑事诉讼中证人张某应当承担的诉讼义务的是（　　）。

A. 如实提供证言，如果有意作伪证或者隐匿罪证，应当承担法律责任

B. 出席法庭审判并接受控辩双方的询问和质证

C. 遵守法庭纪律，听从审判人员的指挥

D. 对于公安司法人员询问的内容予以保密

9. 某地法院审理齐某组织、领导、参加黑社会性质组织罪，关于对作证人员的保护，下列哪些选项是正确的？（　　）

A. 可指派专人对被害人甲的人身和住宅进行保护

B. 证人乙可申请不公开真实姓名、住址等个人信息

C. 法院通知侦查人员丙出庭说明讯问的合法性，为防止黑社会性质组织报复，对其采取不向被告人暴露外貌、真实声音的措施

D. 为保护警方卧底丁的人身安全，丁可不出庭作证，由审判人员在庭外核实丁的证言

10. 甲涉嫌利用木马程序盗取 Q 币并转卖他人，公安机关搜查其住处时，发现一个 U 盘内存储了用于盗取账号密码的木马程序。关于该 U 盘的处理，下列哪些选项是正确的？（　　）

A. 应扣押 U 盘并制作笔录

B. 检查 U 盘内的电子数据时，应将 U 盘拆分过程进行录像

C. 公安机关移送审查起诉时，对 U 盘内提取的木马程序，应附有该木马程序如何盗取账号密码的说明

D. 如 U 盘未予封存，且不能补正或作出合理解释的，U 盘内提取的木马程序不得作为定案的根据

11. 杨某通过非法手段获得公民的个人信息注册支付软件，并制作公民的 3D 头像通过人脸识别，以此获取邀请注册奖励红包，关于本案说法正确的是（   ）。
A. 支付软件公司报案时提取的电子记录等需在立案后重新提取才可以作为定案根据
B. 存储个人信息的 U 盘需要扣押封存并随案移送
C. 支付软件可提出附带民事诉讼要求杨某返还红包
D. 侵犯公民个人信息罪和诈骗罪，应择一重罪处罚

12. 甲是 A 公司的董事兼法定代表人。甲和 A 公司销售有毒有害产品，造成特别严重的后果，被检察院审查起诉，法院判决死刑。最高院死刑核准，下列行政机关掌握的哪些材料可以作为刑事诉讼证据，移送最高人民法院？（   ）
A. 行政机关制作的询问笔录
B. 营业执照
C. 对于有毒产品的检查报告
D. 甲代表 A 公司签署的认罪认罚具结书

不定项选择题

1. 王华（化名）是一所大学的学生，21 岁。某日，他到某家录像厅看录像，发现这里竟然组织播放内容极其下流的淫秽录像，于是王华将此事告诉了他的老师夏某。夏某就向公安机关报告了此事。公安机关经过审查后决定立案侦查此案。此后，王华又匿名向公安机关寄去了书面证明材料，陈述了自己的所见所闻。夏某也向公安机关写了一份书面材料，将王华告诉给自己的情况提供给了公安局。公安局将录像厅的老板传唤至公安机关讯问。该老板许某承认了自己以营利为目的播放淫秽录像的事实。公安机关也从许某的录像厅里搜出多盘淫秽录像带。公安机关将许某的录像设备及录像带全部拍成照片以便移送人民检察院审查起诉。

（1）本案的证据中，属于证人证言这类证据的有（   ）。
A. 王华报告给夏某的话   B. 夏某向公安机关提交的书面材料
C. 许某在公安机关的陈述   D. 王华匿名向公安机关寄去的书面材料

（2）本案中，公安机关从许某的录像厅里搜出的淫秽录像带（   ）。
A. 属于勘验笔录   B. 属于书证
C. 属于视听资料   D. 属于犯罪嫌疑人供述

（3）本案中，公安机关将许某的录像设备及录像带拍成了照片，这些照片是（   ）。
A. 物证   B. 书证   C. 原始证据   D. 传来证据

（4）在本案的证据中，属于间接证据的有（   ）。
A. 夏某向公安局提供的书面材料   B. 许某在公安局的陈述
C. 搜出的淫秽录像带   D. 所拍的照片

2. 在一起银行抢劫案发生之后，银行被抢走大量现金，而且有三名银行保安和一名银行工作人员在抢劫过程中遭到了不同程度的伤害。公安机关在立案后，马上开始了侦查工作，对抢劫现场进行了勘验、检查，对四名被害人进行了人身伤害鉴定。此外，公安机关还收集到了银行当天的录像资料。据此，请回答下列问题。

（1）本案的证据中，既有勘验、检查笔录，又有鉴定意见。下列有关勘验、检查笔录与鉴定意见的区别描述中，哪一项的描述是不准确的？（   ）
A. 勘验、检查笔录由办案人员制作，鉴定意见则由办案人员指派或者聘请的鉴定人制作

B. 勘验、检查笔录是对所见情况的客观记录，鉴定意见的主要内容是科学的分析判断意见

C. 勘验、检查笔录大多是解决一般性问题，鉴定意见则是解决案件中的专门性问题

D. 勘验、检查笔录无须经过审查核定即可发挥其作用作为定案的根据，鉴定意见则需要经过进一步的审查核定

（2）下列不属于勘验笔录的是（　　）。

A. 现场勘验笔录　　B. 身体伤害笔录　　C. 物证检验笔录　　D. 侦查实验笔录

（3）本案涉及鉴定意见这一证据形式，下列有关鉴定意见的表述中哪些是正确的？（　　）

A. 鉴定意见的形式必须是书面《鉴定书》，由鉴定人本人签名，单位公章只能用于证明鉴定人的身份，不能代替个人签名

B. 鉴定意见有肯定性意见和倾向性意见两种，两种都可以作为定案的根据

C. 鉴定意见必须当庭宣布，鉴定人一般应当出庭，对鉴定过程和内容、结论作出说明，接受质证

D. 刑事诉讼中需要进行鉴定的专门性问题非常广泛，常见的有法医学鉴定、司法精神病学鉴定、书法笔迹鉴定、痕迹鉴定、化学鉴定、会计鉴定等

（4）在本案中，银行录像在刑事诉讼上是属于一种视听资料，下列有关刑事诉讼中视听资料的陈述，正确的是（　　）。

A. 视听资料形式多样，直观性强，客观实在，内容丰富

B. 视听资料易于保存，占用空间少，传送和运输方便

C. 视听资料可以反复重现，作为证据易于使用，审查核实时便于操作

D. 视听资料对技术要求高，伴随科学技术的发展而不断更新、变化

3. 甲女与乙男在某社交软件互加好友，手机网络聊天过程中，甲女多次向乙男发送暧昧言语和色情图片，表示可以提供有偿性服务。二人于酒店内见面后因价钱谈不拢而争吵，乙男强行将甲女留在房间内，并采用胁迫手段与其发生性关系。后甲女向公安机关报案，乙男则辩称双方系自愿发生性关系。乙男提供了二人之前的网络聊天记录。关于这一网络聊天记录，下列选项正确的是（　　）。

A. 属电子数据的一种

B. 必须随原始聊天时使用的手机移送才能作为定案的依据

C. 只有经甲女核实认可后才能作为定案的依据

D. 因不具有关联性而不得作为本案定罪量刑的依据

4. 甲、乙二人系药材公司仓库保管员，涉嫌 5 次共同盗窃其保管的名贵药材，涉案金额 40 余万元。一审开庭审理时，药材公司法定代表人丙参加庭审。经审理，法院认定了其中 4 起盗窃事实，另 1 起因证据不足未予认定，甲和乙以职务侵占罪分别被判处有期徒刑 3 年和 1 年。关于本案证据，下列选项正确的是（　　）。

A. 侦查机关制作的失窃药材清单是书证

B. 为查实销赃情况而从通信公司调取的通话记录清单是书证

C. 甲将部分销赃所得 10 万元存入某银行的存折是物证

D. 因部分失窃药材不宜保存而在法庭上出示的药材照片是物证

名词解释

内心确信证据制度

简答题

1. 证人证言和鉴定意见有何区别？

2. 我国《刑法》第 395 条规定："国家工作人员的财产、支出明显超过合法收入，差额巨大的，可以责令该国家工作人员说明来源，不能说明来源的，差额部分以非法所得论……"请结合这一规定，回答下列问题：

（1）刑事诉讼中证明责任的一般分配原则是什么？

（2）在"巨额财产来源不明"案件中，被告人是否应承担证明责任？如果应当承担，被告人与公诉人是如何分担证明责任的？

3. 无罪推定的产生与发展经过是什么？怎样保障该原则的实施？

4. 根据我国《刑事诉讼法》第 61 条关于证人证言的规定，"证人证言必须在法庭上经过公诉人、被害人和被告人、辩护人双方质证并且查实以后，才能作为定案的根据"，回答下列问题：

（1）何谓证据能力？何谓证明力？结合证人证言谈谈两者之间的关系。

（2）根据证人证言的特征，说说证人证言转化为定案依据的条件。

论述题

试述间接证据的特点和运用。

案例分析题

1. 某日清晨，在距离某市 15 公里的国道上，发生了一起交通肇事案。肇事车辆逃逸，事故现场有被害人的尸体和被害人骑的摩托车，尸体旁边有被害人的血迹，尸体不远处有汽车急刹车留下的痕迹。被害人手腕上的手表已被摔坏，时针指在 5 点 50 分处。侦查人员对现场进行了勘验，拍摄了一些现场全景照片。法医鉴定意见：被害人系被汽车撞击而死。有位妇女张某对侦查人员说，事故发生时，她行走在离事故现场 50 米处，目击一辆解放牌大卡车撞倒被害人后逃离而去。事故现场不远处有里程碑记明事故发生地距某市 15 公里。某市交通管理局查明，5 点 50 分左右曾有两辆解放牌大卡车经过事故现场，其中一辆为该市某运输公司车辆。经侦查人员察看，该车上有一处漆皮新脱落的痕迹。公司调度证明司机刘某事故发生的那天早上回到公司，下车后脸上有慌张的神色。出车登记表证明司机刘某 5 点 55 分回到公司。侦查人员询问与司机同车的赵某，两人均否认他们当天早上发生过交通肇事。

问：在本案所述证据中，哪些属于物证？哪些属于书证？哪些属于直接证据？哪些属于无罪证据？

2. 2024 年 3 月 14 日 6 时，某县公安局接到群众报案，在该县火车站附近一废弃的工棚中，发现一具年轻女尸。经现场勘验检查，认定死者是被他人用手卡住咽喉，造成窒息而死亡的。后经鉴定，发现死者已有两个月的身孕，且死亡时间为 13 日 19 时至 22 时之间。另外还在工棚发现一女用挎包，内有一空钱包及一张纸条。纸条上的内容是：约定 3 月 13 日晚上与被害人面谈。署名为李某。公安机关据此逮捕了李某。李某承认其与被害人在谈恋爱，并有两性关系，但其父母并不同意这门亲事。废弃工棚是他们约会的固定地点。在 13 日晚上的约会中，被害人以她怀孕为由，要李某同意与其马上结婚，李某不允，被害人即又吵又闹，还打了李某两耳光，李某一怒之下，独自回家。其坚决否认是他杀的人。经过进一步侦查，公安机关又掌握了如下证据：在李某家的录音电话中，有被害人指责其不回电话、不负责任的录音。关于纸条上字迹的鉴定意见，证明是李某的笔迹。李某的邻居王某证明 13 日 19 时许看见二人一起出去了，但一个小时左右后，只有李某一人回来。

问：

(1) 我国《刑事诉讼法》规定了八种法定证据，在本案中存在哪几种？它们分别包括本案中收集到的哪些证据？

(2) 依照有关证据理论，根据本案现有的证据，能否认定李某有罪？为什么？

第十一章 证 明

基础知识图解

证明
- 刑事证明的概念：侦查、检察、审判人员或当事人及其委托的辩护人、代理人依法收集、审查判断和运用证据，认定犯罪是否发生、谁是犯罪分子，罪责轻重以及其他有关案件事实的活动
- 刑事证明的意义：不仅是刑事诉讼的核心和基本环节，而且是防止冤假错案的关键，还体现刑事诉讼的价值
- 刑事证明对象
  - 概念：需要运用证据以证明的案件事实
  - 范围：有关犯罪构成案件的事实，犯罪嫌疑人、被告人主体方面的事实
- 刑事证明标准
  - 概念：司法工作人员以及当事人、辩护人、诉讼代理人在诉讼活动中运用案件事实需要达到的程度
  - 证明标准
    - 必须达到案件事实、情节清楚
    - 证明案件事实情节的证据必须达到确实、充分的程度
    - 我国刑事诉讼法不同阶段对证据的证明标准也不同
- 刑事证明责任
  - 概念：由公安司法机关或某些当事人负责，他们必须提供证据证明自己所主张的案件事实公诉、自诉案件证明责任的承担：控诉方对其指控的犯罪事实始终负有证明责任，犯罪嫌疑人、被告人在一般情况下不负证明责任
- 收集证据和审查证据

配套测试

单项选择题

1. 在一起诽谤案中，夏某以苏某捏造事实，诽谤自己，致使自己的名誉受到巨大损害为由，向人民法院提起刑事自诉，要求人民法院追究苏某的刑事责任。在法庭审理过程中，夏某和苏某都向法庭提出申请，要求调取新的证据。据此，对于本案，负有证明责任的人员应当是（　　）。

A. 夏某　　　　　　　　　　　　　B. 苏某
C. 夏某和苏某　　　　　　　　　　D. 苏某仅有责任证明自己不构成犯罪

2. 某县公安局接到群众报案，在一块稻田边发现一具男尸。刑警大队马上派人到现场勘验、检查，以收集证据。根据有关法律规定，侦查人员收集的证据能够将案件事实证明到何种程度，公安机关就能对此案立案侦查？（　　）

A. 有犯罪事实需要追究刑事责任　　　B. 有明确的犯罪嫌疑人

C. 应当判处有期徒刑以上刑罚　　　　D. 犯罪事实清楚，证据确实充分

3. 证人程某目睹了一歹徒持刀抢劫的作案过程。该歹徒被公安机关抓捕归案后，侦查人员找到程某，要求其提供某些案情。侦查人员在询问时，下列哪一说法是不正确的？（　　）

A. 应当采用个别和口头的方式进行

B. 先由办案人员介绍案情，然后向证人提出问题

C. 证言中的矛盾，由证人自己作出解释

D. 严禁采用拘留、刑讯、威胁、利诱、欺骗等非法方法

4. 下列对证人证言收集程序的表述中不正确的是（　　）。

A. 询问证人，应当首先告知证人一定要如实提供证言，如有意作伪证或者隐匿罪证要负法律责任

B. 询问证人应当个别进行和口头进行

C. 严禁对证人采用拘留、刑讯、威胁、利诱、欺骗等非法方法收集证言，但在询问证人前，可以先由办案人员具体介绍案情

D. 询问时，应当全面、如实地对证言内容进行客观记录，不能加入办案人员的主观想象和个人理解，即使证言中存在自相矛盾的地方

5. 2024年3月，某市发生一起连环爆炸案，某市公安局迅速对此进行了立案侦查，并收集证据。下列关于证据收集的表述中不符合法律规定的是（　　）。

A. 人民法院、人民检察院和公安机关有权向有关单位和个人收集、调取证据，有关单位和个人应当如实提供证据

B. 辩护律师经证人或者其他有关单位和个人同意，可以向他们收集与本案有关的材料，也可以申请人民检察院、人民法院收集、调取证据，或者申请人民法院通知证人出庭作证

C. 审判人员、检察人员、侦查人员必须依照法定程序，收集能够证实犯罪嫌疑人、被告人有罪的各种证据

D. 严禁刑讯逼供和以威胁、引诱、欺骗以及其他非法方法收集证据

6. 2024年5月，某县公安局对一起交通肇事案件进行了侦查，在侦查过程中，涉及人证、物证等各种证据形式的保全。下列有关刑事诉讼中的证据保全的说法错误的是（　　）。

A. 证据保全是指司法机关或者当事人在刑事诉讼过程中，为了保持证据的真实性和完整性，对已经收集到的证据材料，通过法定的保全方法使其稳定化、固定化

B. 对于证人证言、被害人陈述、犯罪嫌疑人、被告人的供述和辩解，主要采取笔录和录音的方法加以保全

C. 对于一般物证，应当开列清单附卷保存，移送案件时，随同案件一并移送

D. 对于各种痕迹证据所采用的方法要能够防止其变质、变形或被污染、损害

7. 某甲以某乙犯暴力干涉婚姻自由罪提起自诉，在某甲举证证明达到何种程度时，人民法院才能受理此案？（　　）

A. 有犯罪事实需要追究刑事责任　　　　B. 有证据证明被告人有犯罪事实

C. 犯罪事实清楚，证据确实充分　　　　D. 有证据证明有犯罪事实发生

8. 在韩某诈骗案审判期间，韩某提交了自己一贯表现良好的材料。法院发现检察院移送的涉案电脑并没有做现场笔录而被扣押带回，另发现提供的鉴定意见只有鉴定机构的盖章，没有鉴定人的签名。法院审查认为韩某可能具有自首情形，但是在检察院移送的案卷中没有相关的证据材料。关于本案的证据，下列哪一说法是正确的？（　　）

A. 韩某一贯表现良好的材料可作为定案根据

B. 鉴定意见可在补正后作为定案根据

C. 被扣押的涉案电脑不能作为定案根据
D. 法院可要求韩某提供自动投案的证明材料

多项选择题

1. 邢某因参与赌博于 2024 年 2 月被某县公安机关拘留。拘留期间，邢某主动交代其曾于 2022 年 10 月在本县某中学附近抢劫一次，劫得人民币 500 元，已被其挥霍。公安机关据此进行立案侦查，但没有找到任何证据。于是按照邢某交代的犯罪事实移送人民检察院审查起诉，人民检察院审查后提起公诉，人民法院最后以抢劫罪判处邢某有期徒刑 5 年。下列说法正确的是（   ）。
A. 公安机关没有找到有关邢某抢劫的其他证据就不应移送审查起诉
B. 检察机关应当联合公安机关进行重新侦查
C. 法院没有尽到"犯罪事实清楚，证据确实、充分"的举证责任
D. 人民法院不应对邢某定罪量刑

2. 在我国刑事诉讼理论中，证明要求指的是法律规定的，运用证据证明案件事实所要达到的程度。根据《刑事诉讼法》的规定，下列各项所述的诉讼行为，需要达到"犯罪事实清楚，证据确实、充分"的证明要求的有（   ）。
A. 公安机关侦查终结移送审查起诉时
B. 人民检察院经审查，作出批准逮捕决定时
C. 人民检察院提起公诉时
D. 人民法院作出有罪判决时

3. 收集、调取物证，应遵循下列哪些规则？（   ）
A. 收集、调取的物证应当是原物
B. 在原物不便搬运、不易保存或者依法应当返还被害人时，可拍摄足以反映原物外形或者内容的照片、录像
C. 拍摄原物的照片、录像，制作人不得少于 2 人
D. 拍摄照片、录像，应当附有关于制作过程的文字说明及原件、原物存放何处的说明，并由制作人签名或者盖章

4. 在一起敲诈勒索案中，公安机关决定对犯罪嫌疑人蔡某实施逮捕，于是向人民检察院提交了批准逮捕申请书。人民检察院经审查后，作出了批准逮捕决定。在本案中，对逮捕蔡某的决定负有证明责任的有（   ）。
A. 本案的被害人   B. 公安机关   C. 人民检察院   D. 蔡某

5. 石某杀人后弃尸河中。在法庭审理中，对下列哪些事实不必提出证据证明？（   ）
A. 被弃尸的河流从案发村镇穿过的事实
B. 刑法关于杀人罪的法律规定
C. 检察机关和石某都没有异议的案件基本事实
D. 石某的精神状态

6. 证人证言必须在法庭上经过（   ）的讯问、质证，并经过查实以后，方能作为定案的根据。
A. 公诉人   B. 被告人   C. 被害人   D. 辩护人

7. 下列有关刑事诉讼中证据审查的表述正确的是（   ）。
A. 刑事证据的审查，是指司法人员对于已经收集到的各种证据材料，进行审查判断，以确定各个证据有无证明力以及证明力的大小

B. 刑事证据的审查主要有两个方面的内容：一是对每个证据逐一地进行审查核实；二是在对每个证据审查判断的基础上，进行综合分析
C. 刑事证据的审查应当包括以下三个步骤：单独审查、对比审查和综合审查
D. 刑事证据的审查主要是审查证据的来源是否可靠、具体内容是否真实、各个证据之间的关系以及证据是否充分

8. 关于死刑案件的证明对象的表述，下列哪些选项是正确的？（　　）
A. 被指控的犯罪事实的发生
B. 被告人实施犯罪行为的时间、地点、手段、后果以及其他情节
C. 被害人有无过错及过错程度
D. 被告人的近亲属是否协助抓获被告人

9. 关于我国刑事诉讼的证明主体，下列哪些选项是正确的？（　　）
A. 故意毁坏财物案中的附带民事诉讼原告人是证明主体
B. 侵占案中提起反诉的被告人是证明主体
C. 妨害公务案中就执行职务时目击的犯罪情况出庭作证的警察是证明主体
D. 证明主体都是刑事诉讼主体

名词解释

1. 免证事实
2. 司法认知
3. 证明责任
4. 推定
5. 认证
6. 证据保全

简答题

1. 简述我国刑事诉讼中的疑案及其处理原则。
2. 简述我国刑事诉讼中的证明责任和相关法律规定。

论述题

1. 客观真实、法律真实及其与刑事诉讼证明标准的关系。
2. 论推定与证明责任的关系。

第十二章 证据规则

基础知识图解

若干证据规则
- 关联性规则
  - 概念：指只有与诉讼中的待证事实具有相关性的证据才允许在审判中提交
  - 对应法条：《刑事诉讼法》第50条、第120条
- 非法证据排除规则
  - 概念：在刑事诉讼中，对侦控与审判机关采用非法手段收集的证据应当予以排除，不得作为证据采纳
  - 对应法条：《刑事诉讼法解释》第61条
- 传闻证据规则
  - 概念：用以证明所述内容是否真实的目击证人当庭陈述以外的口头或书面证言原则上不能作为认定事实的依据
  - 对应法条：《刑事诉讼法》第61条、第195条
- 补强证据规则
  - 概念：是指为防止错误认定事实，在运用某一证明力薄弱的证据来认定案件事实时，法律规定需有其他证据予以补强的规则
  - 对应法条：《刑事诉讼法》第55条
- 最佳证据规则
  - 概念：也称原始文书规则，是指在以书证来证明案件主要事实时，除非有法定例外情形，必须提供书证材料的原始件
  - 对应法条：《刑事诉讼法解释》第82条、第84条、第108条
- 意见证据规则
  - 概念：是指证人只能就其所亲身感知的案件事实作出陈述，而不得对案件事实作出推断性意见
  - 对应法条：《刑事诉讼法解释》第88条

配套测试

单项选择题

1. 作为定案根据的证据应当具有的基本特征是（　　）。
A. 属于物品或痕迹　　　　　　　　B. 由当事人提供
C. 经过鉴定　　　　　　　　　　　D. 具有证明力和证据能力

2. 下列案件能够作出有罪认定的是哪一选项？（　　）
A. 甲供认自己强奸了乙，乙否认，该案没有其他证据
B. 甲指认乙强奸了自己，乙坚决否认，该案没有其他证据
C. 某单位资金30万元去向不明，会计说局长用了，局长说会计用了，该案没有其他证据

D. 甲、乙二人没有通谋，各自埋伏，几乎同时向丙开枪，后查明丙身中一弹，甲、乙对各自犯罪行为供认不讳，但收集到的证据无法查明这一枪到底是谁打中的

3. 赵某因绑架罪被公安机关侦查终结移送人民检察院审查起诉。如果人民检察院决定对赵某提起公诉，本案证据应达到什么程度？（　　）

A. 能够证明有犯罪事实发生　　　　B. 能够证明赵某实施了犯罪

C. 犯罪事实清楚，证据确实、充分　　D. 犯罪事实清楚，有足够证据

4. 根据刑事诉讼法的原理和有关规定，逮捕应符合"有证据证明有犯罪事实"的法定证据条件。这一法定证据条件的完整、准确含义是指什么？（　　）

A. 有证据证明发生了犯罪事实并有证据证明犯罪事实系该犯罪嫌疑人实施

B. 证明犯罪嫌疑人实施犯罪行为的证据已经查证属实

C. 上述 A、B 两项条件至少应具备其中的一项

D. 上述 A、B 两项条件应同时具备

5. 下列关于证据理论的说法错误的是（　　）。

A. 在英美法系国家证据除具有关联性以外，还必须具有可采性

B. 在我国，凡是客观的并具有关联性的证据都可以作为定案证据

C. 程序正义是刑事证据制度赖以存在的理论基础

D. 程序正义直接关系到实体正义

6. 下列哪一选项所列举的证据属于补强证据？（　　）

A. 证明讯问过程合法的同步录像材料

B. 证明获取被告人口供过程合法，经侦查人员签名并加盖公章的书面说明材料

C. 根据被告人供述提取到的隐蔽性极强，并能与被告人供述和其他证据相印证的物证

D. 对与被告人有利害冲突的证人所作的不利于被告人的证言的真实性进行佐证的书证

7. 以下证据属于非法证据应予排除的是（　　）。

A. 公安机关凌晨抓住犯罪嫌疑人突击审讯到天亮获取的供述

B. 犯罪嫌疑人被呛水无法忍受痛苦作了有罪供述

C. 侦查人员威胁犯罪嫌疑人说：如果不说就通知税务部门调查你的偷税漏税情况

D. 证人的辨认笔录未经证人签字

多项选择题

1. 人民法院在运用证据认定被告人有罪时，应遵循下列哪些原则？（　　）

A. 只有口供，没有其他证据的，不能认定被告人有罪

B. 当被告人有犯罪嫌疑而不能证明时，以无罪处理

C. 当被告人罪重罪轻难以确定时，只认定证据充足的轻罪

D. 当被告人有犯罪嫌疑而不能证明时，既不作有罪判决，又不作无罪判决，作出疑罪判决

2. 犯罪嫌疑人王某，因涉嫌故意杀人被公安机关逮捕。在侦查过程中，侦查人员依法对王某的住处进行了搜查，搜得匕首三把，其中一把匕首上沾有血迹。经过鉴定，这把匕首上的血迹与死者的血型和DNA都相符，王某也承认该匕首为作案工具。该匕首被认定为作案工具，是因为这把匕首有下列不同于另外两把的基本属性（　　）。

A. 匕首上血迹的客观存在性

B. 匕首上的血迹与死者血液的相关性

C. 收集程序的合法性

D. 收集人员的合法性

3. 2024年7月，甲、乙、丙三人因为涉嫌共同盗窃被公安机关逮捕，三人被分别关押，并作出了认罪的口供。下列表述中，哪些属于共犯口供作为定案根据所必须具备的条件？（　　）
   A. 各被告人的口供都是在没有任何违法的条件下取得的，能够排除刑讯逼供或引诱、欺骗的因素
   B. 各被告人分别关押，能够排除串供的可能性
   C. 各共犯供述的犯罪事实细节有一定差异
   D. 共犯只有二人时原则上不能仅凭口供的相互印证定案，共犯为三人以上时，才可慎重行事

4. 关于非法证据的排除，下列哪些说法是正确的？（　　）
   A. 非法证据排除的程序，可以根据当事人的申请启动，也可以由法庭依职权启动
   B. 申请排除以非法方法收集的证据的，应当提供相关线索或者材料
   C. 检察院应当对证据收集的合法性加以证明
   D. 只有确认存在《刑事诉讼法》第56条规定的以非法方法收集证据情形时，才可以对有关证据予以排除

5. 在朱某危险驾驶案的辩护过程中，辩护律师查看了侦查机关录制的讯问同步录像。同步录像中的下列哪些行为违反法律规定？（　　）
   A. 后续讯问的侦查人员与首次讯问的侦查人员完全不同
   B. 朱某请求自行书写供述，侦查人员予以拒绝
   C. 首次讯问时未告知朱某可聘请律师
   D. 其中一次讯问持续了14个小时

名词解释

1. 关联性规则
2. 传闻证据规则
3. 自白规则
4. 品格证据规则
5. 补强证据规则

论述题

试述英美法系国家的证据规则。

第十三章 强制措施

基础知识图解

强制措施
- 概念：是指公安机关、人民检察院和人民法院为了保证刑事诉讼的顺利进行，依法对刑事案件的犯罪嫌疑人、被告人的人身自由进行限制或者剥夺的各种强制性方法
- 特点：适用主体是公检法；适用对象是犯罪嫌疑人、被告人；内容是限制人身的；性质是预备性措施；是一种法定的、临时性措施
- 同刑罚、行政处罚的区别：适用目的不同；适用对象不同；有权适用的机关不同；适用条件不同；适用的结果不同；稳定性不同
- 适用原则：法定原则；比例原则
- 意义：对保证刑事诉讼的顺利进行、规范公安司法机关的行为具有重要的意义
- 种类：拘传、取保候审、监视居住、刑事拘留、逮捕

配套测试

单项选择题

1. 我国刑事诉讼法规定了刑事诉讼的强制措施，对于刑事诉讼强制措施的适用对象，下列说法正确的是（　　）。
A. 只能适用于公诉案件的犯罪嫌疑人和被告人
B. 可以适用于自诉案件的被告人
C. 可以适用于自诉人
D. 可以适用于证人

2. 白某是一起销售伪劣商品案的犯罪嫌疑人，公安机关侦查终结后，将案件移送人民检察院审查起诉，人民检察院为了审查案件，将白某拘传至人民检察院接受了1日的讯问。白某对此提出了申诉。他对人民检察院可以何种理由提出申诉？（　　）
A. 拘传应由公安机关决定　　　　　　B. 拘传应由公安机关执行
C. 拘传时间长至1日　　　　　　　　D. 未经传唤，直接拘传

3. 甲与邻居乙发生冲突致乙轻伤，甲被刑事拘留期间，甲的父亲代其与乙达成和解，公安机关决定对甲取保候审。关于甲在取保候审期间应遵守的义务，下列哪一选项是正确的？（　　）
A. 将驾驶证件交执行机关保存
B. 不得与乙接触
C. 工作单位调动的，在24小时内报告执行机关
D. 未经公安机关批准，不得进入特定的娱乐场所

4. 关某在公共汽车上与人发生争执而将对方打成轻伤，其本人被当场抓获，并由公安机关依法先行拘留。后来公安机关决定对关某取保候审，此时，关某应当（ ）。

A. 提出保证人　　　　　　　　　　B. 交纳保证金

C. 提出保证人并交纳保证金　　　　D. 提出保证人或交纳保证金

5. 向某（2004年出生）住在H市，2024年12月在G市旅行期间殴打吕某致其轻伤，2025年1月该案被G市公安机关立案侦查并将向某取保候审，关于向某的取保候审，下列选项正确的是（ ）。

A. 如公安机关对向某撤销案件，则取保候审自动解除

B. 向某的取保候审应当在G市执行

C. 公安机关应当对向某优先适用保证人保证

D. 公安机关可以要求向某不得向吕某发送短信

6. 公安机关对于人民检察院不批准逮捕的决定，认为有错误的，可以要求复议。如果意见不被接受，可以向上一级人民检察院要求复核。在此期间，对被拘留人，应当（ ）。

A. 在接到不批准逮捕决定时立即释放

B. 复议意见不被接受后立即释放

C. 如不提请复核立即释放

D. 待上一级人民检察院作出复核决定后，决定是否释放

7. 某县人民法院在审判臧某盗窃案的过程中，根据案件情况，决定对臧某采取某种强制措施。下列哪一项是不允许采取的？（ ）

A. 对已被检察机关取保候审的被告人臧某重新取保候审

B. 对臧某监视居住

C. 在臧某可能逃避审判时，决定将其拘留

D. 在臧某符合逮捕条件的情况下，决定将其逮捕

8. 刘某因组织卖淫被公安机关抓获，这时刘某已怀孕4个月，公安机关对其（ ）。

A. 应当逮捕　　　　　　　　　　　B. 应当取保候审或者监视居住

C. 可以取保候审或者监视居住　　　D. 不应当采取强制措施

9. 犯罪嫌疑人、被告人被羁押而尚未被逮捕。下列哪一类人员无权为其申请取保候审（ ）。

A. 犯罪嫌疑人、被告人自己　　　　B. 犯罪嫌疑人、被告人的妻子

C. 犯罪嫌疑人、被告人的哥哥　　　D. 犯罪嫌疑人、被告人的叔叔

10. 关于犯罪嫌疑人的审前羁押，下列哪一选项是错误的？（ ）

A. 基于强制措施适用的必要性原则，应当尽量减少审前羁押

B. 审前羁押是临时性的状态，可根据案件进展和犯罪嫌疑人的个人情况予以变更

C. 经羁押必要性审查认为不需要继续羁押的，检察院应及时释放或变更为其他非羁押强制措施

D. 案件不能在法定办案期限内办结的，应当解除羁押

11. 公安机关对于现行犯或者重大嫌疑分子，如有下列情形之一的，可以先行拘留（ ）。

A. 在身边或者住处发现有犯罪证据的

B. 从教养场所逃跑的

C. 拒不执行法院裁定的

D. 干扰公安机关侦查活动的

12. 公安机关对于被拘留的人，应当在拘留后的（ ）以内进行讯问。

A. 12小时　　　　B. 24小时　　　　C. 48小时　　　　D. 3日

13. 公安机关在异地执行拘留、逮捕时，（　　）通知被拘留、逮捕人所在地的公安机关。

　　A. 应当
　　B. 不应当
　　C. 可以
　　D. 执行拘留不必通知，执行逮捕时应当通知

14. 公安机关对被拘留的人提请批捕的时间可以延长至 30 日的情况是（　　）。

　　A. 在身边或者住处发现有犯罪证据
　　B. 不讲真实姓名、住址，身份不明的
　　C. 有多次作案、流窜作案、结伙作案重大嫌疑的
　　D. 严重破坏工作、生产、社会秩序的

15. 公安机关对犯罪嫌疑人拘留的最长时间可达（　　）。

　　A. 10 天　　　　B. 14 天　　　　C. 30 天　　　　D. 37 天

16. 公安机关发现对犯罪嫌疑人的逮捕不当时，（　　）。

　　A. 应及时释放被逮捕的人或者变更逮捕措施，并应通知原批准的人民检察院
　　B. 应及时撤销或变更逮捕措施，但须经原批准的人民检察院批准
　　C. 应及时撤销或变更逮捕措施，且无须通知原批准的人民检察院
　　D. 应及时提请原批准的人民检察院批准撤销或变更逮捕措施

17. 郭某涉嫌报复陷害申诉人蒋某，侦查机关因郭某可能毁灭证据将其拘留。在拘留期限即将届满时，因逮捕郭某的证据尚不充足，侦查机关责令其交纳 2 万元保证金取保候审。关于本案处理，下列哪一选项是正确的？（　　）

　　A. 取保候审由本案侦查机关执行
　　B. 如郭某表示无力全额交纳保证金，可降低保证金数额，同时责令其提出保证人
　　C. 可要求郭某在取保候审期间不得进入蒋某居住的小区
　　D. 应要求郭某在取保候审期间不得变更住址

18. 章某涉嫌故意伤害致人死亡，因犯罪后企图逃跑被公安机关先行拘留。关于本案程序，下列哪一选项是正确的？（　　）

　　A. 拘留章某时，必须出示拘留证
　　B. 拘留章某后，应在 12 小时内将其送看守所羁押
　　C. 拘留后对章某的所有讯问都必须在看守所内进行
　　D. 因怀疑章某携带管制刀具，拘留时公安机关无须搜查证即可搜查其身体

19. 检察院审查批准逮捕时，遇有下列哪一情形依法应当讯问犯罪嫌疑人？（　　）

　　A. 辩护律师提出要求的
　　B. 犯罪嫌疑人要求向检察人员当面陈述的
　　C. 犯罪嫌疑人要求会见律师的
　　D. 共同犯罪的

20. 甲涉嫌黑社会性质组织犯罪，10 月 5 日上午 10 时被刑事拘留。下列哪一处置是违法的？（　　）

　　A. 甲于当月 6 日上午 10 时前被送至看守所羁押
　　B. 甲涉嫌黑社会性质组织犯罪，因考虑通知家属有碍进一步侦查，决定暂不通知
　　C. 甲在当月 6 日被送至看守所之前，公安机关对其进行了讯问
　　D. 讯问后，发现甲依法需要逮捕，当月 8 日提请检察院审批

21. 成年人钱甲教唆未成年人小沈实施诈骗犯罪，钱甲委托其在邻市检察院担任检察官助理的哥哥钱乙担任辩护人，小沈由法律援助律师武某担任辩护人。关于本案处理，下列哪一选项是正确的？（　　）

　　A. 钱甲被拘留后，钱乙可为其申请取保候审
　　B. 本案移送审查起诉时，公安机关应将案件移送情况告知钱乙

C. 检察院讯问小沈时，武某可在场
D. 如检察院对钱甲和小沈分案起诉，法院可并案审理

多项选择题

1. 下列机关中不具有执行取保候审、监视居住职能的是（　　）。
   A. 公安机关　　　B. 国家安全机关　　　C. 人民法院　　　D. 人民检察院

2. 贾某因涉嫌诈骗罪被 D 县公安机关依法拘传讯问。自被拘传之日起，贾某在侦查阶段享有下列哪些诉讼权利？（　　）
   A. 自行辩护的权利　　　　　　　　　B. 聘请律师提供法律咨询
   C. 另行委托辩护人　　　　　　　　　D. 对与本案无关的问题拒绝回答

3. 公安机关将正在进行盗窃的卫某先行拘留后，经审查认为需要逮捕，于是依法提请人民检察院批准逮捕。人民检察院在对本案进行审查后，可以依法作出（　　）。
   A. 批准逮捕的决定　　　　　　　　　B. 不批准逮捕的决定
   C. 退回补充侦查的决定　　　　　　　D. 采取取保候审或监视居住的决定

4. 居住在 A 市的张某因涉嫌挪用公款罪被人民检察院立案侦查并决定监视居住，张某因此应遵守下列哪些规定？（　　）
   A. 在传讯的时候及时到案　　　　　　B. 未经执行机关批准，不得离开住处
   C. 不得以任何形式干扰证人作证　　　D. 未经执行机关批准不得会见他人

5. 关于刑事拘留，下列哪些选项符合《刑事诉讼法》的规定？（　　）
   A. 应当在拘留后 24 小时内进行讯问
   B. 发现不应当拘留的时候，必须立即释放，并发给释放证明
   C. 对需要逮捕而证据还不充分的，取保候审或者监视居住
   D. 应当在拘留后 24 小时内无条件地立即通知被拘留人的家属或者所在单位

6. 对下列哪些重大犯罪嫌疑分子，公安机关可以先行拘留？（　　）
   A. 为投毒而买毒药的甲　　　　　　　B. 在其住处发现盗金项链的乙
   C. 被举报挪用公款企图逃跑的丙　　　D. 不讲真实姓名、住址，身份不明的丁

7. 关于我国刑事诉讼法中规定的取保候审和监视居住这两种强制措施，下列说法中正确的是（　　）。
   A. 二者都只能适用于可能被判处管制、拘役或者独立适用附加刑的犯罪嫌疑人、被告人
   B. 二者都有可能适用于某些杀人、放火的犯罪嫌疑人
   C. 二者都必须由公安机关执行
   D. 公安机关、人民检察院、人民法院都有权决定采取这两种措施

8. 下列哪些情形，法院应当变更或解除强制措施？（　　）
   A. 甲涉嫌绑架被逮捕，案件起诉至法院时发现怀有身孕
   B. 乙涉嫌非法拘禁被逮捕，被法院判处有期徒刑 2 年，缓期 2 年执行，判决尚未发生法律效力
   C. 丙涉嫌妨害公务被逮捕，在审理过程中突发严重疾病
   D. 丁涉嫌故意伤害被逮捕，因对被害人伤情有异议而多次进行鉴定，致使该案无法在法律规定的一审期限内审结

9. 甲涉嫌盗窃罪被逮捕。甲父为其申请取保候审，公安机关要求甲父交纳 10 万元保证金。甲父请求减少保证金的数额。公安机关在确定保证金数额时应当考虑下列哪些情况？（　　）
   A. 当地经济水平落后
   B. 甲和甲父靠种地为生且无其他收入，生活贫困

C. 甲只偷他人一头牛，可能判处的刑罚不重
D. 甲无前科，社会危险性小，妨碍诉讼可能性小

10. 某天一村民向公安机关报案，说在村头小溪边发现了一具女尸，有人怀疑是刚出狱不久的庄某所为，因为这几天庄某神色慌张，魂不守舍。公安机关很快获得了这一线索，认为庄某嫌疑很大。在本案中，如果公安机关想对庄某实施逮捕，至少还应当具备什么条件？（　　）
A. 有证据证明这是一起犯罪案件而不是意外事件或自杀行为
B. 有证据证明这起犯罪案件是庄某实施的而不仅仅是猜测
C. 证明犯罪嫌疑人实施犯罪的证据，已有查证属实的
D. 庄某实施该杀人行为的事实清楚，证据确实充分

11. 公安机关侦查人员赵某因涉嫌刑讯逼供被人民检察院立案侦查并被逮捕。赵某的父亲为其申请取保候审，得到准许，赵父即担任赵某的保证人。取保候审期间，公安机关发现赵某有串供行为而赵父对此知情，则公安机关可以作出下列哪些决定？（　　）
A. 责令赵某重新提出保证人　　　　B. 责令赵某具结悔过
C. 对赵父处以罚款　　　　　　　　D. 决定对赵某转为监视居住

12. 对于公安司法机关采取强制措施超过法定期限的，（　　）有权要求解除强制措施。
A. 犯罪嫌疑人、被告人　　　　　　B. 犯罪嫌疑人、被告人的法定代理人
C. 犯罪嫌疑人、被告人的辩护人　　D. 犯罪嫌疑人、被告人的近亲属

13. 被告人某甲在取保候审期间，（　　）违反了规定。
A. 某甲以重金邀请某乙为其作假口供
B. 某甲要到外县看望重病的父亲，和保证人商定3日内必回，但因父亲死亡，5日后方回
C. 某甲将作案工具投到一口废井中，并投入石块掩埋
D. 执行机关传讯时，某甲因赌博未到

14. 下列各项属于保证人应当履行的义务有（　　）。
A. 保证被保证人在传讯的时候及时到案
B. 保证被保证人未经执行机关批准不得离开所居住的市、县
C. 为被保证人交纳保证金提供担保
D. 发现被保证人有毁灭、伪造证据或者串供行为时，及时向执行机关报告

15. 被取保候审的犯罪嫌疑人、被告人违反《刑事诉讼法》第71条第1款规定的，可以对其作出下列哪些处理？（　　）
A. 已交纳保证金的，没收保证金
B. 责令犯罪嫌疑人、被告人具结悔过
C. 责令犯罪嫌疑人、被告人重新交纳保证金或者提出保证人
D. 对犯罪嫌疑人、被告人予以监视居住或逮捕

16. 无权执行刑事拘留的机关是（　　）。
A. 人民法院　　　B. 人民检察院　　　C. 公安机关　　　D. 国家安全机关

17. 对于公安机关通缉在案的犯罪分子，任何公民都可以扭送到（　　）处理。
A. 公安机关　　　B. 人民法院　　　C. 人民检察院　　　D. 司法行政机关

18. 对犯罪嫌疑人、被告人采取下列哪些强制措施后，除有碍侦查或者无法通知的情形外，应当把采取该强制措施的原因和羁押的处所在24小时以内通知犯罪嫌疑人、被告人的家属或他的所在单位（　　）。
A. 拘留　　　B. 逮捕　　　C. 取保候审　　　D. 监视居住

19. 公安机关要求逮捕犯罪嫌疑人的时候，（　　）。
A. 应对被告人先行拘留
B. 应写出提请批准逮捕书
C. 将提请批准逮捕书连同案卷材料证据一并移送同级人民检察院
D. 必要时公安机关派员到人民检察院参加关于批捕的讨论

20. 关于被法院决定取保候审的被告人在取保候审期间应当遵守的法定义务，下列哪些选项是正确的？（　　）
A. 未经法院批准不得离开所居住的市、县
B. 未经公安机关批准不得会见他人
C. 在传讯的时候及时到案
D. 不得以任何形式干扰证人作证

21. 公安机关对涉嫌抢劫、已被拘留的张某提请检察院批准逮捕。检察院审查后，可以作出哪些处理决定？（　　）
A. 退回补充侦查　　B. 另行侦查　　C. 不批准逮捕　　D. 批准逮捕

22. 在符合逮捕条件时，对下列哪些人员可以适用监视居住措施？（　　）
A. 甲患有严重疾病、生活不能自理
B. 乙正在哺乳自己的婴儿
C. 丙系生活不能自理的人的唯一扶养人
D. 丁系聋哑人

23. 我国强制措施的适用应遵循变更性原则。下列哪些情形符合变更性原则的要求？（　　）
A. 拘传期间因在身边发现犯罪证据而直接予以拘留
B. 犯罪嫌疑人在取保候审期间被发现另有其他罪行，要求其相应地增加保证金的数额
C. 犯罪嫌疑人在取保候审期间违反规定后对其先行拘留
D. 犯罪嫌疑人被羁押的案件，不能在法律规定的侦查羁押期限内办结的，予以释放

24. 赵某、钱某、孙某、李某四人抢劫商场，赵某被逮捕、钱某被拘留、孙某和李某被取保候审后法院一审宣判赵某无期徒刑，钱某10年有期徒刑，孙某免予刑事处罚，李某无罪，四名被告人均未上诉检察院未抗诉。法院宣判后下列强制措施的处理正确的是（　　）。
A. 对孙某应当释放或者变更强制措施
B. 对李某应当释放
C. 对赵某逮捕羁押的期间折抵刑期
D. 对钱某拘留的期间折抵刑期

25. 张某涉嫌犯罪被公安机关决定取保候审，张某交纳了保证金1万元，但是在侦查阶段张某多次未经批准离开所居住的市县，公安机关发现后决定没收张某的保证金，并对其重新适用取保候审。关于本案下列说法正确的有？（　　）
A. 公安可视情况决定没收张某保证金8000元
B. 新的取保候审中可以要求张某既交纳保证金又提供保证人
C. 取保候审的期间累计计算
D. 公安机关可以要求张某上交驾驶证

不定项选择题

1. 甲、乙、丙三人实施信用证诈骗。侦查过程中，某地级市公安机关向该市检察院提请批准逮捕甲、乙、丙三人。其中，甲系省、市两级人民代表大会代表；乙系自由职业者；丙系无国籍

人士。在审查批捕过程中,检察院查明:乙已怀有两个月身孕。

关于检察院对丙审查批捕,下列选项正确的是(　　)。

A. 市检察院认为不需要逮捕的,可以自行作出决定

B. 市检察院认为需要逮捕的,报省检察院审查

C. 省检察院征求同级政府外事部门的意见后,决定批准逮捕

D. 省检察院批准逮捕的,应同时报最高人民检察院备案

2. 王某被人举报。检察院经过一系列的调查取证之后,认为有相当的证据证明王某确实有相关行为,而且有迹象表明其可能潜逃国外,检察院于是决定对王某进行逮捕。据此,请回答下列问题。

(1) 在准备对王某批准逮捕的时候,市人民检察院获悉王某系人民代表大会代表,对此,人民检察院应当如何处理?(　　)

A. 如果王某担任本市人民代表大会代表,应当报请该市人民代表大会主席团或者常务委员会许可

B. 如果王某担任上级人民代表大会代表,则应当层报该代表所属的人民代表大会同级的人民检察院报请许可

C. 如果王某担任下级人民代表大会代表,则可以直接批准逮捕

D. 如果王某担任本单位所在市以外的其他地区人民代表大会代表,则应当委托该代表所属的人民代表大会同级的人民检察院报请许可

(2) 除有碍侦查和无法通知的情况外,有关部门对王某因涉嫌受贿罪执行逮捕后,下列什么机关应在24小时以内将逮捕王某的原因和羁押场所通知王某的家属或者所在单位?(　　)

A. 决定逮捕的人民检察院　　　　B. 负责羁押的部门

C. 提请批准逮捕的公安机关　　　D. 批准逮捕的人民法院

(3) 王某有下列哪些情形时,公安司法机关应当对逮捕决定进行变更或撤销?(　　)

A. 患有严重疾病的　　　　　　　B. 正在怀孕或哺乳自己婴儿的妇女

C. 案件不能在法律规定的期限内办结　D. 王某可能判处拘役

(4) 如果王某被逮捕之后,经过第一审人民法院的审理,被判处管制,这时公安司法机关可能的处理是(　　)。

A. 可以变更逮捕决定　　　　　　B. 可以解除逮捕决定

C. 应当撤销逮捕决定　　　　　　D. 应当解除逮捕决定

3. 甲、乙(户籍地均为M省A市)共同运营一条登记注册于A市的远洋渔船。某次在公海捕鱼时,甲、乙二人共谋杀害了与他们素有嫌隙的水手丙。该船回国后首泊于M省B市港口以作休整,然后再航行至A市。从B市起航后,在途经M省C市航行至A市过程中,甲因害怕乙投案自首一直将乙捆绑拘禁于船舱。该船于A市靠岸后案发。

关于本案强制措施的适用,下列选项正确的是(　　)。

A. 拘留甲后,应在送看守所羁押后24小时以内通知甲的家属

B. 如有证据证明甲参与了故意杀害丙,应逮捕甲

C. 拘留乙后,应在24小时内进行讯问

D. 如乙因捆绑拘禁时间过长致身体极度虚弱而生活无法自理的,可在拘留后转为监视居住

简答题

1. 刑事拘留与逮捕有何区别。
2. 简述取保候审的适用对象。

3. 简述我国刑事诉讼强制措施的特点。
4. 简述刑事诉讼中保证人应当具备的条件和应当履行的义务。
5. 简述刑事拘留与行政拘留、民事拘留的区别。
6. 简述强制措施与刑罚的区别。
7. 简述公安机关采取拘留的条件。

论述题

试论述拘传与传唤的关系。

案例分析题

1. 某县公安局接到人民群众举报，于2024年5月4日将涉嫌杀丁的犯罪嫌疑人甲、乙（甲的父亲）拘留。2024年5月6日提讯甲与乙（第一次）。5月7日，向人民检察院提请批准逮捕。人民检察院接到公安机关的提请批准逮捕书后，于5月17日作出批准逮捕的决定。之后，公安机关在继续侦查中发现：乙只是案发时现场的目击者，并没有实施，也没有参与杀人行为，这一点可由许多证据得到证明；只有甲有犯罪嫌疑，但鉴于已经批捕，若释放乙将产生许多麻烦。因而公安机关便将二人的全部案卷材料直接移送给了县检察院。县检察院于是以甲、乙二人为被告人提起公诉。在法庭审理过程中，合议庭将乙当庭释放。问：
（1）司法机关在处理本案的过程中，所为行为是否恰当？
（2）合议庭是否有权当庭释放乙，为什么？

2. 公安机关接到群众举报后，将几天来一直在某居民小区外徘徊、游荡的辛某带至派出所盘问。辛某吞吞吐吐，而且拒不讲明他的姓名、住址，后经公安机关多番做思想工作，辛某说住该小区外的一条小巷内。公安机关从辛某身上搜出一把菜刀与一袋老鼠药。辛某假称，他来到该小区是想揽点活儿，给人做些修理门窗、擦洗厨房之类的杂活。由于不知该小区有谁需要修理，所以没敢进小区，只是在外面徘徊，准备过两天就回老家。后经公安机关了解情况，辛某家并不在该省，而且其暂时住所也不在该小区附近，而是在离小区很远的高家屯内。因而，公安机关准备对其采取逮捕措施，并已报请人民检察院批准逮捕。问：
（1）人民检察院是否会批准逮捕辛某？
（2）公安机关对辛某采取什么措施比较恰当？

3. 潘某，涉嫌盗窃、抢劫、强奸犯罪。现已查明潘某多次入室行窃，盗窃款物折合人民币4000余元。但有关抢劫、强奸犯罪，卷中证据材料不全，公安机关尚在侦查中。检察院认为主罪尚未查清，遂作出不批准逮捕决定，并通知公安机关补充侦查。
问：检察院的决定是否正确，为什么？

4. 被告人崔某，2011年出生。2024年5月7日晚在一路口抢走了下班女工的提包，后被过路群众抓获，扭送到附近的某人民法院。法院同志认为这是公安机关管辖的案件，告诉群众应将其扭送到公安局。崔某被扭送到公安局后，公安人员认为崔某符合拘留条件，遂将其拘留。后公安局于5月16日向检察机关提请批准逮捕，但未获批准。公安局认为这一决定是错误的，于是向检察机关提出复议，但仍未被接受，遂向上一级检察机关申请复核；同时认为崔某态度恶劣，随时可能逃跑，而且刑事诉讼法规定拘留最长限期为37天，因此尽管崔某多次提出应当释放，一直未予批准。直至5月25日，上级检察机关作出不批准逮捕的决定，才将其释放。该案于6月20日由人民检察院提起公诉，在法庭审理中，人民法院认为，应对崔某实施逮捕，于是派法警将其逮捕归案。在庭审过程中，崔某某律师辩护不力，拒绝其继续辩护，要求自行辩护获得批准。法庭经审理认为崔某构成抢夺罪，判处有期徒刑2年，缓刑3年。判决生效后，法院将其交给其所在单位负责执行。但同级人民检察院认为该案判决有误，崔某应定为抢劫罪，遂按审判监督程序向同级人民法院提起抗诉。法院为了更好地审理该案，指派原合议庭庭长和另外两名审判员组成合议庭审理该案，最后维持原判。

试分析案例中公、检、法机关行为的不当之处，并说明理由。

5. 刘某有多次犯罪的记录，2024年6月，又涉嫌强奸被公安机关立案侦查。公安机关在侦查过程中拘留了刘某，但经过对案件情况以及刘某个人的了解，认为应当对刘某进行逮捕，于是向同级人民检察院提请逮捕刘某。人民检察院最后批准了逮捕刘某的申请，公安机关继而对刘某执行了逮捕。问：

（1）人民检察院在本案中对公安机关的逮捕申请应如何处理？

（2）简述公安机关执行逮捕的程序。

第十四章　附带民事诉讼

基础知识图解

附带民事诉讼
- 概念：是指公安司法机关在刑事诉讼过程中，在解决被告人刑事责任的同时，附带解决被告人的犯罪行为所造成的物质损失的赔偿问题而进行的诉讼活动
- 特点
  - 诉讼属性的民事性
  - 诉讼过程的依附性
  - 诉讼标的内容的特定性
- 成立条件
  - 刑事诉讼成立
  - 犯罪行为使公民遭受直接物质损失
  - 有明确的被告和具体的诉讼请求
- 程序
  - 提起
    - 时间：必须在刑事案件立案后，第一审判决宣告前提起
    - 方式：一般是书面，特殊情况下也可以口头起诉
  - 审判
    - 一并审判原则：应同刑事案件一并审判，只有为防止刑事案件过分迟延，才可在刑事案件审判后，由同一审判组织继续审理附带民事诉讼
  - 可以进行审理，不收取诉讼费

配套测试

单项选择题

1. 犯罪分子非法占有、处置被害人财产而使其遭受物质损失的，人民法院应当（　　）。
A. 告知被害人有权提起附带民事诉讼　　B. 应当先行调解
C. 依法予以追缴或责令退赔　　D. 作出附带民事判决

2. 人民法院审理刑事附带民事诉讼案件（　　）。
A. 按照民事诉讼法规定收取诉讼费　　B. 参照民事诉讼法规定收取诉讼费
C. 适当收取诉讼费　　D. 不收取诉讼费

3. 在我国，人民法院审理刑事附带民事诉讼案件时（　　）。
A. 都应当进行调解　　B. 都应当进行和解
C. 调解达成协议即发生法律效力　　D. 有的可以不制作调解书

4. 在一起故意伤害案中，附带民事诉讼的原告人权某在法庭审理过程中，未经法庭许可中途退庭，对此，人民法院应当（　　）。
A. 用传票将权某传唤至法庭　　B. 将权某拘传至法庭
C. 延期审理　　D. 按权某自行撤诉处理

5. 人民检察院提起附带民事诉讼的条件是（　　）。

A. 被害人死亡

B. 作为被害人的国有组织或集体组织因被告人的犯罪行为遭受物质损失而未提起附带民事诉讼

C. 被害人死亡，无法定代理人或其他近亲属代其提起附带民事诉讼的

D. 国有财产因犯罪行为遭受损失的

6. 可以先审理刑事案件，后审理附带民事诉讼的情况是（　　）。

A. 为了防止刑事案件审判的拖延

B. 为了防止刑事案件审判的过分迟延

C. 为了防止附带民事诉讼审判的拖延

D. 为了防止附带民事诉讼审判的过分迟延

7. 附带民事诉讼在审结之前，原告人要求撤诉，对此，人民法院（　　）。

A. 应当允许
B. 不应当允许
C. 一般不允许
D. 应视案件的具体情况决定允许还是不允许

8. 法院可以受理被害人提起的下列哪一附带民事诉讼案件？（　　）

A. 抢夺案，要求被告人赔偿被夺走并变卖的手机

B. 寻衅滋事案，要求被告人赔偿所造成的物质损失

C. 虐待被监管人案，要求被告人赔偿因体罚虐待致身体损害所产生的医疗费

D. 非法搜查案，要求被告人赔偿因非法搜查所导致的物质损失

9. 关于附带民事诉讼案件诉讼程序中的保全措施，下列哪一说法是正确的？（　　）

A. 法院应当采取保全措施

B. 附带民事诉讼原告人和检察院都可以申请法院采取保全措施

C. 采取保全措施，不受《民事诉讼法》规定的限制

D. 财产保全的范围不限于犯罪嫌疑人、被告人的财产或与本案有关的财产

10. 甲系某地交通运输管理所工作人员，在巡查执法时致一辆出租车发生重大交通事故，司机乙重伤，乘客丙当场死亡，出租车严重受损。甲以滥用职权罪被提起公诉。关于本案处理，下列哪一选项是正确的？（　　）

A. 乙可成为附带民事诉讼原告人

B. 交通运输管理所可成为附带民事诉讼被告人

C. 丙的妻子提起附带民事诉讼的，法院应裁定不予受理

D. 乙和丙的近亲属可与甲达成刑事和解

11. 董某（17岁）在某景点旅游时，点燃荒草不慎引起大火烧毁集体所有的某公司林地，致某公司损失5万元，被检察院提起公诉。关于本案处理，下列哪一选项是正确的？（　　）

A. 如某公司未提起附带民事诉讼，检察院可代为提起，并将某公司列为附带民事诉讼原告人

B. 董某与某公司既可就是否对董某免除刑事处分达成和解，也可就民事赔偿达成和解

C. 双方刑事和解时可约定由董某在1年内补栽树苗200棵

D. 如双方达成刑事和解，检察院经法院同意可撤回起诉并对董某适用附条件不起诉

多项选择题

1. 犯罪嫌疑人卢某因故意伤害邵某一案被某县公安机关立案侦查，在侦查过程中，被害人邵某提出了赔偿医药费的要求。下列选项中公安机关的正确做法有（　　）。

A. 告知邵某必须提交附带民事诉状

B. 可以进行调解
C. 记录在案
D. 告知邵某向人民法院提起附带民事诉讼

2. 在一起破坏生产罪的案件中，被告人的行为造成甲国有企业重大物质损失，在审理此案时，有权提起刑事附带民事诉讼的主体有哪些？（　　）
A. 提起公诉的人民检察院　　　　　　B. 审理此案的人民法院
C. 甲企业　　　　　　　　　　　　　D. 甲企业的职工代表

3. 可以提起附带民事诉讼的"物质损失"是指（　　）。
A. 被害人因人身权利受到犯罪侵犯而遭受的物质损失
B. 被害人的财物被犯罪分子毁坏而遭受的物质损失
C. 被害人因犯罪行为已经遭受的实际损失和必然遭受的损失
D. 犯罪分子非法占有、处置被害人的财产而使其遭受的物质损失

4. 唐某，32岁，完全行为能力人。因违章驾车撞死元某而被以交通肇事罪提起公诉，同时元某的妻子也提起了附带民事诉讼。最后人民法院判决唐某有期徒刑3年，并赔偿元某妻子各种费用人民币9万元。但是唐某一时拿不出全部赔偿金，而他还要去服3年刑，对此民事赔偿（　　）。
A. 必须由唐某个人承担
B. 可以由其亲属代为承担
C. 应当由其父母代为承担
D. 元某的妻子可以自愿同意唐某出狱后再赔偿

5. 张某为16岁的学生，在一起抢劫案件中被打成重伤，请问下列哪些人有权提起附带民事诉讼？（　　）
A. 张某的母亲　　　　　　　　　　　B. 张某的哥哥
C. 为张某住院交纳部分医药费的王某　D. 张某的老师

6. 审理刑事附带民事诉讼的案件，人民法院在必要的时候，可以对被告人的财产进行（　　）。
A. 拍卖　　　　B. 查封　　　　C. 没收　　　　D. 扣押

7. 下列案件中，可以提起附带民事诉讼的有（　　）。
A. 控告重婚罪提出离婚请求
B. 控告伤害罪提出经济损害赔偿
C. 控告诬告陷害罪提出精神损害赔偿
D. 控告诈骗罪提出经济损害赔偿

8. 甲、乙殴打丙，致丙长期昏迷，乙在案发后潜逃，检察院以故意伤害罪对甲提起公诉。关于本案，下列哪些选项是正确的？（　　）
A. 丙的妻子、儿子和弟弟都可成为附带民事诉讼原告人
B. 甲、乙可作为附带民事诉讼共同被告人，对故意伤害丙造成的物质损失承担连带赔偿责任
C. 丙因昏迷无法继续履行与某公司签订的合同造成的财产损失不属于附带民事诉讼的赔偿范围
D. 如甲的朋友愿意代为赔偿，法院可以准许并可作为酌定量刑情节考虑

9. 附带民事诉讼中依法负有赔偿责任的人包括（　　）。
A. 刑事被告人及没有被追究刑事责任的其他共同致害人
B. 未成年刑事被告人的监护人
C. 已被执行死刑的罪犯的遗产继承人
D. 对刑事被告人的犯罪行为应当承担民事赔偿责任的企业、事业单位、机关和团体

10. 在刑事附带民事诉讼案件中，只有附带民事诉讼的当事人就附带民事诉讼上诉时，该案件应当如何处理？（　　）

A. 二审案件只需审查附带民事诉讼

B. 在上诉期满后，第一审刑事判决部分生效

C. 如果第一审附带民事部分事实清楚，适用法律正确，刑事部分亦无不当，则应以附带民事裁定维持原判，驳回上诉

D. 第一审刑事判决需要第二审判决或裁定作出之后，才能确定其效力

11. 附带民事诉讼的被告人的权利有（　　）。

A. 委托代理人　　　　　　　　　　B. 提起反诉

C. 参加法庭调查和辩论　　　　　　D. 要求司法机关采取保全措施

12. 刑事附带民事诉讼判决书的内容主要包括（　　）。

A. 标题　　　　　　　　　　　　　B. 事实

C. 理由和判决结果　　　　　　　　D. 尾部

不定项选择题

甲市人民法院在审理被告人邹某故意伤害一案时，被害人刘某准备提出赔偿医疗费、误工费等费用的附带民事诉讼的请求。

（1）依照刑事诉讼法及相关司法解释的规定，对于允许刘某提出附带民事诉讼请求的期间，下列表述中正确的是（　　）。

A. 刑事案件立案后至法庭调查结束之前均可提起

B. 刑事案件立案后至被告人最后陈述之前均可提起

C. 刑事案件立案后至二审开庭审判之前均可提起

D. 刑事案件立案后至第一审判决宣告以前均可提起

（2）如果刘某提出的附带民事诉讼人民法院依法受理，在审判过程中，出现下列哪些情形时人民法院可以决定在刑事案件审判后由同一审判组织继续审理？（　　）

A. 被害人刘某的伤情较为严重，治疗仍在进行，治疗费用一时难以确定

B. 被告人邹某的财产在案件审判之前已被转移，公安机关正在追查

C. 在审判中，邹某的父亲提出愿意为儿子承担赔偿责任

D. 法庭在审理中认定被告人邹某的行为并不构成犯罪

（3）如果人民法院在 2024 年 5 月 29 日作出了被告人犯故意伤害罪的判决，而又于 2024 年 6 月 7 日就附带民事部分作出判决，被告人邹某如果仅对民事赔偿部分不服而提出上诉，那么其最后提出上诉的日期为哪一天？（　　）

A. 2024 年 6 月 22 日　　　　　　B. 2024 年 6 月 3 日

C. 2024 年 6 月 12 日　　　　　　D. 2024 年 6 月 17 日

（4）在审理民事赔偿部分时，被告人邹某对被害人刘某提出的殴打刘某的事实没有异议，但合议庭认为邹某是否参与殴打有待查实，此时法庭应当如何处理？（　　）

A. 宣布休庭，就有疑问的证据进行核实

B. 要求刘某提供证据证明邹某参与殴打的事实

C. 免除刘某的举证责任，直接认定该事实

D. 交检察机关补充侦查

名词解释
附带民事诉讼的先予执行

简答题
1. 简述附带民事诉讼的原告人享有哪些诉讼权利？
2. 怎样理解刑事附带民事诉讼的性质？刑事附带民事诉讼有何条件？

论述题
试论述刑事附带民事诉讼。

案例分析题
甲、乙二人系同胞兄弟，其父死后，留下一套房子和 10 万元的存折。兄弟二人为遗产之事引起纠纷，甲为人十分霸道，和其妻商量，欲独占财产，乙自然不依。于是，在一次争执中，甲将乙打伤。乙向人民法院起诉甲，控告甲对其人身权利造成损害，同时提出遗产继承一事，要求法院一并解决。

问：乙的诉讼请求是否能作为刑事附带民事诉讼来处理？

第十五章 期间、送达

基础知识图解

期间与送达
- 期间
  - 概念：公安司法机关和诉讼参与人完成某项刑事诉讼行为必须遵守的法定期限
  - 计算
    - 单位：时、日、月
    - 方法
      - 开始的时、日不计算在内
      - 最后一日为节假日的，以节假日后的第一日届满，但在押期间不得顺延
      - 期满前交邮的，不算过期
      - 法定期间不包括在途时期
  - 耽误是指司法机关或诉讼参与人没有在法定期限内完成应当进行的诉讼行为
  - 恢复是指当事人由于不能抗拒的原因或有其他正当理由而耽误期限的，在障碍消除后5日以内，可以申请继续进行应当在期满以前完成的诉讼活动的补救措施
  - 延长：司法机关在规定的办案期限内不能完成应该完成的诉讼行为，而往后续展期限的办法
  - 重新计算：因法定情况使原已进行的期间归于无效，从新发生之日重新计算
- 送达
  - 概念：公检法依照法定程序和方式，将诉讼文件送交诉讼参与人、有关机关和单位的诉讼活动
  - 送达回证：司法机关依法将诉讼文件送达收件人的凭证
  - 送达方式
    - 直接送达，委托送达，转交送达
    - 留置送达，邮寄送达

配套测试

单项选择题

1. 我国刑事诉讼期间中，"半月"的计算（　　）。
A. 一律按 15 日计算期限 B. 有时按 15 日计算期限
C. 按期间开始当月的日数计算期限 D. 没有具体明确的规定

2. 按照《刑事诉讼法》的规定，当事人提出恢复诉讼期间的申请，应当在障碍消除后的何时提出？（　　）
A. 在障碍消除后的合理期间内提出 B. 在障碍消除后 5 日以内
C. 在障碍消除后 10 日以内 D. 在障碍消除后 15 日以内

3. 某市公安机关在侦查乔某盗窃案时，需要对乔某窃得的一件文物进行鉴定，鉴定共耗费了 2 个月的时间。依照刑事诉讼法的规定，以下对这段鉴定时间的看法正确的是（　　）。

　　A. 该段鉴定时间应当计入办案期限　　　　B. 该段鉴定时间可以计入办案期限
　　C. 该段鉴定时间不应当计入办案期限　　　D. 该段鉴定时间可以不计入办案期限

4. 犯罪嫌疑人李某因涉嫌抢劫罪被某县公安机关立案侦查，公安机关在侦查过程中发现李某还涉嫌贩卖毒品罪，需要另行计算侦查羁押期限，为此该县公安机关应履行下列哪一程序？（　　）

　　A. 由同级人民检察院决定重新计算侦查羁押期限
　　B. 由公安机关决定重新计算侦查羁押期限，报同级人民检察院批准
　　C. 由公安机关决定重新计算侦查羁押期限，报上一级人民检察院批准
　　D. 由公安机关决定重新计算侦查羁押期限，报同级人民检察院备案

5. 某甲因盗窃罪被判处有期徒刑 5 年，他于 2024 年 4 月 30 日收到判决书，他在（　　）享有上诉权。

　　A. 4月30日~5月9日　　　　　　　　　B. 5月1日~5月10日
　　C. 4月30日~5月10日　　　　　　　　 D. 5月1日~5月11日

6. 有关刑事诉讼中期间的计算，下列说法中错误的是（　　）。

　　A. 在侦查期间，发现犯罪嫌疑人另有重要罪行的，重新计算侦查羁押期限
　　B. 犯罪嫌疑人不讲真实姓名、住址，身份不明的，侦查羁押期限照样计算，但是不得停止对其犯罪行为的侦查取证
　　C. 公安机关或者人民检察院补充侦查完毕后移送人民检察院或者人民法院的，人民检察院或者人民法院重新计算审查起诉或者审理期限
　　D. 第二审人民法院发回原审人民法院重新审判的案件，原审法院从收到发回案件之日起，重新计算审理期限

7. 关于办案期限重新计算的说法，下列哪一选项是正确的？（　　）

　　A. 甲盗窃汽车案，在侦查过程中发现其还涉嫌盗窃 1 辆普通自行车，重新计算侦查羁押期限
　　B. 乙受贿案，检察院审查起诉时发现一笔受贿款项证据不足，退回补充侦查后再次移送审查起诉时，重新计算审查起诉期限
　　C. 丙聚众斗殴案，在处理完丙提出的有关检察院书记员应当回避的申请后，重新计算一审审理期限
　　D. 丁贩卖毒品案，二审法院决定开庭审理并通知同级检察院阅卷，检察院阅卷结束后，重新计算二审审理期限

8. 卢某妨害公务案于 2024 年 9 月 21 日一审宣判，并当庭送达判决书。卢某于 9 月 30 日将上诉书交给看守所监管人员黄某，但黄某因忙于个人事务直至 10 月 8 日上班时才寄出，上诉书于 10 月 10 日寄到法院。关于一审判决生效，下列哪一选项是正确的？（　　）

　　A. 一审判决于 9 月 30 日生效
　　B. 因黄某耽误上诉期间，卢某将上诉书交与黄某时，上诉期间中止
　　C. 因黄某过失耽误上诉期间，卢某可申请期间恢复
　　D. 上诉书寄到法院时一审判决尚未生效

☑ 多项选择题

1. 我国刑事诉讼中的期间包括法定期间和指定期间。对于法定期间，下列说法正确的有（　　）。

　　A. 期间开始的时和日不计算在内　　　　B. 路途上的时间应当扣除

C. 节假日必须计算在内　　　　　　D. 节假日在某些特殊情况下，应不计算在内

2. 刑事诉讼中的期间以（　　）计算。

A. 时　　　　B. 日　　　　C. 月　　　　D. 年

3. 期间的计算应注意（　　）。

A. 法定的时、日、月为计算单位

B. 法定期间不包括在路途上的时间

C. 当事人耽误期间有正当理由的，可以依法申请恢复期间

D. 期间开始的时和日不算在期间以内

4. 期间的计算，不包括（　　）。

A. 开始的时和日　　　　　　　　B. 开始的月

C. 路途上的时间　　　　　　　　D. 期满前将诉讼材料交邮后邮递途中的时间

5. 以月为计算标准的期间有（　　）。

A. 侦查中羁押被告人的期限

B. 被告人申诉的期限

C. 人民检察院审查起诉和人民法院一、二审办案期限

D. 退回补充侦查的期限

6. 司法机关送达诉讼文书的程序和要求有（　　）。

A. 依照法律规定的期限送达　　　　B. 由本案审判人员亲自送交收件人本人

C. 遵守法定的方式　　　　　　　　D. 履行法定的手续

7. 在刑事诉讼中，下列哪些期限不计入审理期限？（　　）

A. 刑事案件应另行委托、指定辩护人，法院决定延期审理的，自案件决定延期审理之日至第7日之准备辩护的时间

B. 公诉人发现案件需要补充侦查，提出延期审理建议后，合议庭同意延期审理的期间

C. 刑事案件二审期间，检察院查阅案卷超过10日后的时间

D. 因当事人、诉讼代理人、辩护人申请通知新的证人到庭、调取新的证据、申请重新鉴定或者勘验，法院决定延期审理1个月之内的期间

8. 下列有关刑事诉讼送达的表述中，正确的是（　　）。

A. 送达只能是由公安司法机关向当事人和其他诉讼参与人以及有关机关实施的诉讼行为。诉讼参与人向公安司法机关递交诉讼文书，不属于送达

B. 送达的内容是诉讼文书，包括传票、通知书、不起诉决定书、起诉书、判决书、自诉状副本、附带民事诉讼状、答辩状副本、上诉状副本等

C. 送达的方式和程序是法定的，送达方式包括直接送达、留置送达、委托送达、邮寄送达、转交送达等

D. 送达诉讼文书必须有送达回证，送达回证的印刷有固定的格式

名词解释

1. 期间的耽误
2. 直接送达
3. 间接送达
4. 留置送达
5. 委托送达

简答题

1. 简述期间与期日的区别。
2. 简述期间的恢复的条件。

论述题

试论述刑事诉讼期间的计算。

案例分析题

被告人戚某于 2024 年 5 月 4 日在火车上认识准备去深圳找工作的女青年甲。二人经相互介绍和一晚上的聊天，熟了起来。戚某见状就告诉甲，其实她们家乡也有许多去深圳打工的，但都比较累，工资很低，又觉得回家乡后没有面子，因而只能留在深圳。戚某劝甲不要去深圳了，并称自己的丈夫是县委副书记，一定能帮她找份好工作。甲信以为真，便随戚某去了该县。到后，戚某将甲灌醉，卖给了自己老家的一个村民当媳妇。此案经该县法院依法公开审理，并由法庭决定休庭后第 5 天宣告判决。至第 5 天即 8 月 6 日该县人民法院当场宣读了对戚某的判决结果，戚某因拐卖妇女罪被判处有期徒刑十年，但戚某 8 月 7 日才收到书面的判决。戚某不服，认为一审判得太重，于 8 月 15 日将判决书通过邮局寄出，可人民法院收到上诉状时，已是判决宣告后的第 15 天。该法院以上诉状提出已过了上诉期限为由，驳回了戚某的上诉。

问：本案在程序上存在哪些问题？

第十六章 刑事诉讼的中止和终止

基础知识图解

- 中止
  - 概念：是指在刑事诉讼过程中，由于发生某种情况或出现某种障碍影响诉讼的正常进行而将诉讼暂时停止，待有关情况或障碍消失后，再恢复诉讼的制度
  - 特点
    - 可发生在诉讼的任何阶段
    - 行为暂时停止
    - 之前的行为仍有效
    - 中止期间不计入办案期限
  - 条件
    - 中止侦查：长期潜逃；患病；丧失诉讼行为能力
    - 中止审查：潜逃；患病；丧失诉讼行为能力
    - 中止审理：患病；脱逃

- 终止
  - 概念：在刑事诉讼过程中，因出现某种法定情形，致使诉讼不必要或不应当继续进行，从而结束诉讼的制度
  - 与中止的区别
    - 条件不同：终止适用各种法定情形和中止适用于特殊情况
    - 结果不同：终止是不再追诉和中止还应当恢复
    - 程序不同：终止应制作正式的法律文书和除中止审查外一般只需记录在案
  - 适用情形
    - 情节显著轻微、危害不大，不认为是犯罪的
    - 犯罪已过追诉时效期限的
    - 经特赦令免除刑罚的
    - 依照刑法告诉才处理的犯罪，没有告诉或者撤回告诉的
    - 犯罪嫌疑人、被告人死亡的

配套测试

单项选择题

1. 公安机关在立案后的侦查过程中，发现犯罪嫌疑人死亡，应作出（　　）决定。
　　A. 撤销案件　　　　　B. 侦查终结　　　　　C. 不起诉　　　　　D. 宣告无罪

2. 沙某受聘担任王某故意伤害案被告人的辩护律师。在庭审过程中，沙某就被害人的伤害程度提出重新鉴定申请。此时，人民法院可以对故意伤害案（　　）。
　　A. 中止审理　　　　　B. 延期审理　　　　　C. 暂停诉讼　　　　　D. 终结审理

3. 下列哪一选项属于刑事诉讼中适用中止审理的情形？（　　）

A. 由于申请回避而不能进行审判的

B. 需要重新鉴定的

C. 被告人患有严重疾病，长时间无法出庭的

D. 检察人员发现提起公诉的案件需要补充侦查，提出建议的

多项选择题

1. 关于刑事案件的延期审理和中止审理，下列哪些说法是正确的？（　　）

A. 延期审理适用于法庭审理过程中，中止审理适用于法院受理案件后至作出判决前

B. 延期审理的原因是庭审自身出现障碍，因而不停止法庭审理以外的诉讼活动，中止审理的原因是出现了不能抗拒的情况，使诉讼活动无法正常进行，因而暂停诉讼活动

C. 延期审理的案件再行开庭的时间具有可预见性，中止审理的案件再行开庭的时间往往无法预见

D. 不论延期审理还是中止审理，其时间都计入审理期限

2. 被害人向检察院投诉，公安机关对于他遭受犯罪侵害的线索应当立案侦查而未立案侦查。检察院的下列哪些做法是正确的？（　　）

A. 公安机关尚未作出不立案决定的，移送公安机关处理

B. 不属于被投诉的公安机关管辖的，应当告知投诉人有管辖权的机关并建议向该机关控告

C. 公安机关应当立案而作出不立案决定的，经检察长批准，应当要求公安机关书面说明不立案的理由

D. 认为犯罪情节显著轻微不需追究刑事责任的，应当要求公安机关向被害人说明不立案的理由

名词解释

1. 中止侦查

2. 中止审查

3. 中止审理

简答题

1. 简述我国刑事诉讼终止的基本特点。

2. 简述我国刑事诉讼中止的基本特点。

论述题

试论述我国刑事诉讼中诉讼终止与诉讼中止的区别。

第十七章　立　案

基础知识图解

立案
- 概念：公安司法机关对于报案、举报、自首以及自诉人起诉等材料，按照各自的职能管辖范围进行审查后，认为有犯罪事实发生并需要追究刑事责任时，决定将其作为刑事案件进行侦查或审判的一种诉讼活动
- 功能
  - 开启刑事诉讼程序
  - 为侦查提供依据和基础
  - 保障公民合法权益
  - 为加强社会治安综合治理提供信息和依据
- 材料来源
  - 公安机关或者人民检察院自行发现的犯罪事实或者犯罪嫌疑人
  - 单位和个人的报案或者举报
  - 被害人的报案或者控告
  - 犯罪人的自首
- 条件
  - 有犯罪事实
  - 需要追究刑事责任
  - 符合管辖的规定
- 程序
  - 立案材料的接收
  - 立案材料的审查
  - 处理
    - 立案
    - 不立案
    - 撤案
  - 人民检察院对不立案的监督

配套测试

单项选择题

1. 某县公安局接到甲的报案，称乙、丙放火杀人，依法对报案材料进行立案前的审查。下列选项哪个是某县公安局决定立案的条件？（　　）

　　A. 认为有犯罪事实需要追究刑事责任　　B. 案件事实已基本查清

　　C. 报案人提供了充分的证据　　D. 有明确的犯罪嫌疑人

2. 甲是一大学教师，早起时发现邻居家被盗。此时，甲向有关机关报案是他的（   ）。
   A. 权利
   B. 义务
   C. 既是权利又是义务
   D. 既非权利又非义务

3. 根据《刑事诉讼法》的规定，公检法机关按照管辖范围，对于报案、控告、举报和自首的材料进行审查后决定不予立案的（   ）。
   A. 应当将不立案的原因通知报案人
   B. 应当将不立案的原因通知控告人
   C. 应当将不立案的原因通知举报人
   D. 应当将不立案的原因通知自首人

4. 某地发生了盗窃案，公民当即将罪犯扭送到当地人民检察院，该人民检察院应当（   ）。
   A. 不立案侦查
   B. 对公民的扭送不予理睬
   C. 先采取紧急措施，然后将该案移送公安机关立案侦查
   D. 立案侦查

5. 张某被王某殴打致重伤，张某的母亲向公安机关报案后，公安机关却迟迟不予立案，张某于是向检察院申诉，检察院向公安机关发出《要求说明不立案理由通知书》，此时公安机关应当（   ）。
   A. 在收到通知书后 3 日内书面答复检察院
   B. 在收到通知书后 7 日内书面答复检察院
   C. 在收到通知书后 10 日内书面答复检察院
   D. 在收到通知书后 15 日内书面答复检察院

6. 公安机关、人民检察院或者人民法院对于不属于自己管辖的报案、控告、举报应如何处理？（   ）
   A. 不应当受理
   B. 应当受理，并展开侦查或者审判
   C. 不应当受理，告知其应向主管机关报案
   D. 应当接受，然后移送主管机关处理

7. 甲、乙二人在餐厅吃饭时言语不合进而互相推搡，乙突然倒地死亡，县公安局以甲涉嫌过失致人死亡立案侦查。经鉴定乙系特殊体质，其死亡属意外事件，县公安局随即撤销案件。关于乙的近亲属的诉讼权利，下列哪一选项是正确的？（   ）
   A. 就撤销案件向县公安局申请复议
   B. 就撤销案件向县公安局的上一级公安局申请复核
   C. 向检察院侦查监督部门申请立案监督
   D. 直接向法院对甲提起刑事附带民事诉讼

8. 环卫工人马某在垃圾桶内发现一名刚出生的婴儿后向公安机关报案，公安机关紧急将婴儿送医院成功抢救后未予立案。关于本案的立案程序，下列哪一选项是正确的？（   ）
   A. 确定遗弃婴儿的原因后才能立案
   B. 马某对公安机关不予立案的决定可申请复议
   C. 了解婴儿被谁遗弃的知情人可向检察院控告
   D. 检察院可向公安机关发出要求说明不立案的理由通知书

9. 李某认为一个企业生产不符合安全标准的食品遂将该企业告到了市场监督管理局，市场监督管理局审查后认为可能涉及犯罪就移送给了公安机关，公安机关审查后决定不立案，下列说法正确的是（   ）。
   A. 李某向作出不立案决定的公安机关申请复议

B. 李某对复议不服向上级公安机关申请复核
C. 市场监督管理局向不立案的公安机关申请复议
D. 市场监督管理局对不立案决定不服向上级公安机关申请复核

多项选择题

1. 立案是刑事诉讼中的（　　）。
A. 特殊程序　　B. 必经程序　　C. 开端程序　　D. 独立程序

2. 任何单位和个人发现有犯罪事实或者犯罪嫌疑人，有权利也有义务向公安司法机关（　　）。
A. 报案　　B. 上诉　　C. 举报　　D. 申诉

3. 公安机关获知有多年吸毒史的王某近期可能从事毒品制售活动，遂对其展开初步调查工作。关于这一阶段公安机关可以采取的措施，下列哪些选项是正确的？（　　）
A. 监听
B. 查询王某的银行存款
C. 询问王某
D. 通缉

4. 下列说法正确的是（　　）。
A. 对于控告人的控告，公安机关或人民检察院不予立案的，应当将不立案的理由及时通知控告人
B. 控告人对不立案决定不服的，可以申请复议
C. 人民检察院认为公安机关不立案理由不能成立的，应当通知公安机关立案或自己直接立案后交公安机关侦查
D. 被害人认为公安机关对应当立案侦查的案件而不立案侦查的，可以向人民检察院提出，人民检察院应当要求公安机关说明不立案的理由

5. 出租车司机张三被乘客举报贩卖毒品，A区公安机关接到线索后立即对张三进行初查，发现其确有重大嫌疑，便正式对该案进行立案侦查。关于本案的侦查行为，下列哪些选项是正确的？（　　）
A. 区公安机关在初查过程中可对张三实施监听，但要经上一级公安局局长批准
B. 在公安机关查明张三确有毒品准备出售时，侦查人员可以隐匿身份，向张三表示希望购买毒品，以便更好地获取犯罪证据
C. 在毒品交易现场对张三进行拘留时，侦查人员在无搜查证的情况下对张三当时驾驶的汽车进行搜查符合法律规定
D. 对于张三的毒品交易经县级公安机关负责人批准可以实施控制下交付

不定项选择题

甲在公共汽车上因抢座位与乙发生争执，被乙打伤，甲告到某区公安局。
（1）本案中，某区公安局在接待甲时，正确的做法有（　　）。
A. 要求甲必须写出详细的报案材料
B. 告知甲诬告应负的法律责任
C. 告知甲到法院去起诉乙
D. 应当保障甲的安全

（2）本案中，如果某区公安局决定不立案，应当（　　）。
A. 在10日内通知甲　　B. 在3日内通知甲
C. 在15日内通知甲　　D. 在30日内通知甲

（3）本案中，如果某区公安局决定不立案，某区人民检察院认为应当立案时，下列哪些做法是正确的？（　　）
A. 某区人民检察院应当向某区公安局发出《要求说明不立案理由通知书》

B. 某区公安局应当在收到《要求说明不立案理由通知书》后 7 日内将说明情况书面答复检察院
C. 某区人民检察院认为某区公安局不立案理由不能成立，发出《通知立案书》时，应将有关证明应该立案的材料同时移送公安机关
D. 某区公安局在收到《通知立案书》后应当在 15 日内决定立案

名词解释

1. 立案
2. 自首

简答题

简述立案的材料来源。

论述题

论人民检察院对不立案的监督。

案例分析题

1. 郭女，10 岁，某小学四年级学生。一天，郭女在去上学的路上被一陌生男子逼迫至一无人处后奸淫。郭女来到学校后，班主任霍老师见她不仅迟到了，而且双眼红肿，目光呆滞，神情恍惚，便将其带到办公室询问出了什么事。郭女将被奸淫的经过说了一遍。霍老师立即到较近的乡派出所报案。派出所的值班员告知霍老师，其没有报案的资格，因为她不是被害人的法定代理人，也不是近亲属，因此对她的报案不予接受。无奈，霍老师只好回去将此事告诉了郭女的父母，让他们带着郭女去报案。郭女的父亲郭某带着郭女到派出所讲述案情，但派出所的人员却让郭某写一份书面材料，他们才能受理。后来，公安机关对此案迟迟不予立案，郭某将此情况反映给了人民检察院，人民检察院要求公安机关说明为何不予立案，公安机关答复说：尽管郭女被奸淫这一事实属于犯罪，且应给予刑罚处罚，但犯罪嫌疑人不明确，而且没有丝毫线索，因而不能立案。人民检察院认为该理由不成立，通知公安机关立案，但公安机关仍拒不立案。最后人民检察院自己对此案立案侦查。

问：本案中的公安机关和人民检察院有哪些地方违反了刑事诉讼法的规定？

2. 被告人王某，某科技公司经理。2023 年，市检察院收到一封检举信，揭露该公司偷税 100 万元的事实。检察院经调查后，认为该公司确有偷税事实，依法应追究刑事责任，遂经检察长批准对该公司立案侦查。2023 年 7 月 2 日，检察院批准逮捕王某，并派检察院侦查人员将其逮捕。7 月 8 日，犯罪嫌疑人王某聘请的律师向检察院提出取保候审的申请，检察院提出需交纳 5 万元保证金，并提供保证人。7 月 9 日，律师向检察院交纳了 5 万元的保证金，并且提供了保证人，王某被取保候审。后经侦查发现，该公司 2021 年到 2023 年，共偷税漏税 50 万元，检察院冻结该公司账户，并将 50 万元作为税款上缴国库。该案于 2024 年 8 月 1 日，向区人民法院提起公诉，经法庭审理，认为该公司的行为已构成偷税罪，判处被告人王某有期徒刑 3 年，缓刑 3 年，对该公司判处 200 万元的罚金。检察院认为一审法院对被告人王某量刑过轻，直接向二审法院提交抗诉状，提起抗诉。抗诉期满后，对该公司判处的罚金即交付执行。二审法院经不开庭审理后，认为一审法院认定事实正确，但量刑过轻，裁定撤销原判，改判被告人王某有期徒刑 7 年。现问：

（1）该案中，人民检察院有哪些程序不合法？
（2）该案中，第二审人民法院有哪些程序不合法？

第十八章 侦　　查

基础知识图解

侦查
- 概念：公安机关、人民检察院在办理案件过程中，依照法律进行的专门调查工作和有关的强制性措施
- 侦查行为：讯问犯罪嫌疑人；询问证人、被害人；勘验；检查；搜查；查封、扣押物证、书证；鉴定；辨认；通缉；特殊侦查措施
- 律师对犯罪嫌疑人的法律帮助：在侦查阶段律师接受犯罪嫌疑人的聘请，为其提供法律咨询，代理申诉，控告，申请取保候审的活动
- 移送审查起诉的条件：犯罪事实清楚；证据确实、充分；犯罪的性质和罪名认定正确；法律手续完备；依法应当追究刑事责任
- 侦查羁押期限：一般是2个月，特殊情况可以延长
- 补充侦查
  - 不同阶段：审查逮捕阶段；审查起诉阶段；法庭审判阶段
  - 方式：退回补充侦查和自行补充侦查
- 侦查监督：检察院依法对侦查机关的批捕、审查起诉以及其他侦查活动合法性监督

配套测试

单项选择题

1. 关于人民检察院直接受理案件的侦查，下列说法正确的是（　　）。
A. 上级人民检察院不能侦查由下级人民检察院管辖的案件
B. 下级人民检察院可以将认为社会关注度高的案件请求上级人民检察院侦查
C. 下级人民检察院可以请求将案件移送上级人民检察院侦查
D. 下级人民检察院不能请求将案件移送上级人民检察院侦查

2. 在侦查的过程中，侦查机关对犯罪嫌疑人传唤、拘传的持续时间规定正确的是（　　）。
A. 传唤不得超过24小时，拘传不得超过8小时
B. 传唤、拘传均不得超过8小时
C. 传唤不得超过24小时，拘传不得超过12小时
D. 传唤、拘传均不得超过12小时

3. 侦查人员在必要时，可以强制检查下述哪类人员的人身？（　　）
A. 任何与案件有关的人　　　　　　　　B. 犯罪嫌疑人
C. 犯罪嫌疑人、被害人和证人　　　　　D. 犯罪嫌疑人、被害人

4. 公安机关对甲涉嫌走私一案立案侦查时，甲突然死亡。对死因不明的尸体，有权决定解剖的机关是（　　）。
   A. 人民法院　　　B. 公安机关　　　C. 司法局　　　D. 人民检察院
5. 对于扣押的邮件、电报，经查明确与案件无关的，应在几日以内退还给原邮电机关？（　　）
   A. 5日　　　B. 7日　　　C. 3日　　　D. 10日
6. 关于辨认规则，下列哪一说法是正确的？（　　）
   A. 检察院侦查的案件，可以让犯罪嫌疑人对其他犯罪嫌疑人进行辨认
   B. 为了辨认需要，可以让辨认人在辨认前见到辨认对象
   C. 有多个辨认人时，根据需要可以集体进行辨认
   D. 为了进行辨认，必要时证人可以在场
7. 甲县公安局在进行侦查时，如果需要进行侦查实验，应经过谁的许可？（　　）
   A. 甲县人民检察院检察长　　　B. 甲县司法局局长
   C. 甲县人民法院院长　　　D. 甲县公安局局长
8. 甲是某国家安全机关干部，涉嫌危害国家安全犯罪被国家安全机关立案侦查。在侦查过程中，甲的律师要求会见甲，应经过谁许可？（　　）
   A. 国家安全机关　　　B. 公安机关　　　C. 人民检察院　　　D. 看守所
9. 甲因故意伤害他人被某区公安机关依法逮捕羁押。后因案情复杂需要依法延长羁押1个月，有权批准的机关是（　　）。
   A. 该公安机关　　　B. 该公安机关的上级公安机关
   C. 该公安机关的同级人民检察院　　　D. 该公安机关的上级人民检察院
10. 张某因涉嫌放火罪被批准逮捕。公安机关在侦查过程中，发现张某另有抢劫罪的重大嫌疑，决定依照刑事诉讼法的规定重新计算羁押期限。关于重新计算羁押期限，下列哪一选项是正确的？（　　）
   A. 报同级检察院批准　　　B. 报同级检察院备案
   C. 报上一级公安机关批准　　　D. 报上一级公安机关备案
11. 某市人民检察院对本市市长甲所犯相关犯罪一案正式立案侦查，并且依照有关法律规定对甲实施了拘留。如果人民检察院认为其需要逮捕，则应当在拘留之日起几日内作出逮捕的决定？（　　）
   A. 应当在3日内作出决定，但是可以延长1日至4日
   B. 应当在14日内作出决定，但是可以延长1日至3日
   C. 应当在30日内作出决定，但是可以延长7日
   D. 应在7日内作出决定，但是可以延长1日至4日
12. 下列有关人民检察院的拘留权的说法，正确的是（　　）。
   A. 人民检察院不享有拘留的决定权和拘留的执行权
   B. 人民检察院享有拘留的决定权，但是应由公安机关执行
   C. 人民检察院享有与公安机关相同的拘留决定权，但没有执行权
   D. 人民检察院享有拘留的决定权和拘留的执行权
13. 在侦查阶段，律师会见在押的犯罪嫌疑人，侦查机关（　　）。
   A. 应当派员在场　　　B. 不派员在场
   C. 根据案件情况和需要可以派员在场　　　D. 由侦查机关负责人决定是否派员在场
14. 人民检察院对其直接受理的案件中被拘留的人，认为需要逮捕而证据还不充足的，（　　）。
   A. 可以先行决定逮捕　　　B. 只能取保候审
   C. 可以取保候审或监视居住　　　D. 只能监视居住

15. 重大的犯罪集团案件,在《刑事诉讼法》第158条规定的侦查羁押期限内不能办结的,按规定批准或者决定后,可以延长(   )。

  A. 1个月　　　　B. 2个月　　　　C. 3个月　　　　D. 5个月

16. 对可能判处10年有期徒刑以上刑罚的重大、复杂案件经上一级人民检察院,省、自治区、直辖市人民检察院批准或决定,侦查中羁押犯罪嫌疑人的期限经过3次延长后,最高可达(   )。

  A. 2个月　　　　B. 3个月　　　　C. 5个月　　　　D. 7个月

17. 对外国驻我国的外交机构或住宅进行搜查时必须经(   )。

  A. 上一级公安机关批准　　　　　　B. 同级人民检察院批准

  C. 该外交机构的同意　　　　　　　D. 我国外交部门批准

18. 犯罪嫌疑人不讲真实姓名、住址,身份不明的,其侦查羁押期限的计算应从(   )。

  A. 拘留之日起计算　　　　　　　　B. 逮捕之日起计算

  C. 查清身份之日起计算　　　　　　D. 查清全部犯罪事实之日起计算

19. 关于勘验、检查,下列哪一选项是正确的?(   )

  A. 为保证侦查活动的规范性与合法性,只有侦查人员可进行勘验、检查

  B. 侦查人员进行勘验、检查,必须持有侦查机关的证明文件

  C. 检查妇女的身体,应当由女工作人员或者女医师进行

  D. 勘验、检查应当有见证人在场,勘验、检查笔录上没有见证人签名的,不得作为定案的根据

20. 黄某住甲市A区,因涉嫌诈骗罪被甲市检察院批准逮捕。由于案情复杂,期限届满侦查不能终结,侦查机关报请有关检察机关批准延长一个月。其后,由于该案重大复杂,涉及面广,取证困难,侦查机关报请有关检察机关批准后,又延长了二个月。但是,延长二个月后,仍不能侦查终结,且根据已查明的犯罪事实,对黄某可能判处无期徒刑,侦查机关第三次报请检察院批准再延长二个月。在报请延长手续问题上,下列哪一选项是错误的?(   )

  A. 第一次延长,须经甲市检察院批准

  B. 第二次延长,须经甲市检察院的上一级检察院批准

  C. 第二次延长,须经甲市所属的省检察院批准

  D. 第三次延长,须经甲市所属的省检察院批准

21. 关于侦查中的检查与搜查,下列哪一说法是正确的?(   )

  A. 搜查的对象可以是活人的身体,检查只能对现场、物品、尸体进行

  B. 搜查只能由侦查人员进行,检查可以由具有专门知识的人在侦查人员主持下进行

  C. 搜查应当出示搜查证,检查不需要任何证件

  D. 搜查和检查对任何对象都可以强制进行

22. 法院在审理案件过程中发现被告人可能有立功情节,而起诉书和移送的证据材料中没有此种材料,下列哪一处理是正确的?(   )

  A. 将全部案卷材料退回提起公诉的检察院

  B. 建议提起公诉的检察院补充侦查

  C. 建议公安机关补充侦查

  D. 宣布休庭,进行庭外调查

23. 关于侦查辨认,下列哪一选项是正确的?(   )

  A. 强制猥亵案,让犯罪嫌疑人对被害人进行辨认

  B. 盗窃案,让犯罪嫌疑人到现场辨认藏匿赃物的房屋

C. 故意伤害案，让犯罪嫌疑人和被害人一起对凶器进行辨认
D. 刑讯逼供案，让被害人在 4 张照片中辨认犯罪嫌疑人

多项选择题

1. 下列各项中符合刑事诉讼法规定的有（　　）。
A. 讯问聋、哑的犯罪嫌疑人，应当有通晓聋、哑手势的人参加，并将这种情况记入笔录
B. 讯问未成年犯罪嫌疑人时，应当通知其法定代理人到场
C. 讯问犯罪嫌疑人应当制作讯问笔录。笔录应当交犯罪嫌疑人核对，对于没有阅读能力的，可以向他宣读
D. 如果记录有遗漏或差错，犯罪嫌疑人可以提出补充或改正。犯罪嫌疑人承认笔录没有错误后，应当签名或盖章，侦查人员也应当在笔录上签名

2. 某公安机关接到群众报案，有人在街上打死某储蓄所提款员并抢走现金 10 万元后逃离现场。此案中，正确的做法是（　　）。
A. 知道犯罪现场的任何单位和个人，都有义务保护犯罪现场，并且立即通知公安机关派员勘验
B. 侦查人员进行现场勘验时，必须持有公安机关的证明文件
C. 公安机关必要时可以指派或聘请具有专门知识的人主持进行勘验
D. 对于死因不明的尸体，经县级以上公安机关负责人批准，可以解剖，并通知死者家属到场

3. 下列选项中，侦查人员应当进行勘验、检查的有（　　）。
A. 与犯罪有关的尸体　　　　　　　B. 与犯罪有关的场所
C. 与犯罪有关的物品　　　　　　　D. 与犯罪有关的人身

4. 关于勘验、检查，下列哪些说法是正确的？（　　）
A. 侦查人员执行勘验、检查，必须持有检察院或者公安机关的证明文件
B. 为了发现犯罪的证据，如果犯罪嫌疑人、被害人拒绝检查的，可以强制检查
C. 在必要的时候，可以指派或者聘请具有专门知识的人，在侦查人员的主持下进行勘验、检查
D. 勘验和检查的对象是相同的

5. 公安机关欲对犯罪嫌疑人甲（男）、被害人乙（女）进行人身检查，下列说法正确的是（　　）。
A. 只有为了确定被害人、犯罪嫌疑人的某些特征、伤害情况或者生理状态，才可以进行人身检查
B. 对甲进行人身检查，必要时，可以强制进行，对乙的人身检查，不得强制进行
C. 检查乙的身体，应当由侦查人员、女工作人员或者医师进行
D. 检查乙的身体，应当由侦查人员或者医师进行

6. 侦查实验，要禁止下列哪些行为？（　　）
A. 足以造成危险的行为　　　　　　B. 侮辱人格的行为
C. 有伤风化的行为　　　　　　　　D. 伤害他人的行为

7. 下述说法中正确的有（　　）。
A. 无论什么时候进行搜查，都必须出示搜查证
B. 搜查应当作笔录
C. 在执行逮捕时搜查，有时可以不另用搜查证
D. 在执行拘留时搜查，有时可以不另用搜查证

8. 人民检察院、公安机关在侦查案件的过程中，对犯罪嫌疑人的存款、汇款可以采取的措施有（　　）。

A. 可以查询　　　B. 可以冻结　　　C. 可以划拨　　　D. 可以重复冻结

9. 甲因涉嫌贩毒被公安机关依法立案侦查，下列选项中正确的有（　　）。

A. 犯罪嫌疑人甲在第一次被讯问后或采取强制措施之日起，可以委托律师作为辩护人为其提供法律咨询，代理申诉、控告

B. 犯罪嫌疑人甲若要求委托律师，可以自己委托，也可以由其亲属代为委托

C. 如果犯罪嫌疑人甲在被拘留或逮捕后提出委托律师，看守机关应当及时将其请求转达办理案件的有关侦查机关，侦查机关应当及时向其所委托的人员或者所在的律师事务所转达该项请求

D. 在押中的犯罪嫌疑人甲仅有委托律师的要求，但提不出具体对象的，侦查机关应当及时通知当地律师协会或者司法行政机关为其推荐律师

10. 关于讯问犯罪嫌疑人，下列哪些选项是正确的？（　　）

A. 在拘留犯罪嫌疑人之前，一律不得对其进行讯问

B. 在拘留犯罪嫌疑人之后，可在送看守所羁押前进行讯问

C. 犯罪嫌疑人被拘留送看守所之后，讯问应当在看守所内进行

D. 对于被指定居所监视居住的犯罪嫌疑人，应当在指定的居所进行讯问

11. 下列关于侦查羁押期限的选项中，正确的有（　　）。

A. 侦查期间发现犯罪嫌疑人另有重要罪行的，重新计算羁押期限

B. 犯罪嫌疑人不讲真实姓名、身份不明的，自查清其身份之日起计算羁押期限

C. 对犯罪嫌疑人作笔迹鉴定的期间不计入侦查羁押期限

D. 对犯罪嫌疑人作精神病鉴定的时间不计入羁押期限

12. 公安机关侦查终结并移送审查起诉的案件，应当做到（　　）。

A. 有证据证明犯罪嫌疑人实施了犯罪行为即可

B. 犯罪事实清楚

C. 证据确实、充分

D. 犯罪嫌疑人需要被判处刑罚

13. 讯问犯罪嫌疑人由（　　）进行。讯问的时候，不得少于2人。

A. 人民检察院的侦查人员　　　B. 人民法院的审判员

C. 治安联防队员　　　D. 公安机关的侦查人员

14. 侦查中的勘验检查分为（　　）。

A. 人身检查　　　B. 人身搜查　　　C. 侦查实验　　　D. 物证检查

15. 为了收集犯罪证据、查获犯罪嫌疑人，侦查人员可以对下列哪些对象进行搜查？（　　）

A. 犯罪嫌疑人的身体

B. 可能隐藏犯罪或者犯罪证据的人的身体、物品、住处

C. 犯罪嫌疑人近亲属的住所

D. 其他有关地方

16. 搜查的目的是（　　）。

A. 收集犯罪证据　　　B. 查对物证特征　　　C. 查获犯罪人　　　D. 扣押物证

17. 任何单位和个人，有义务按照人民检察院和公安机关的要求，交出下列哪些材料？（　　）

A. 证明犯罪嫌疑人有罪的物证、书证　　　B. 证明犯罪嫌疑人无罪的物证、书证

C. 证明犯罪嫌疑人有罪的视听资料　　　D. 证明犯罪嫌疑人无罪的视听资料

18. 在搜查的时候,应当有下列哪些人员之一在场?( )
   A. 被搜查人   B. 被搜查人的家属   C. 邻居   D. 其他见证人

19. 对精神病、人身伤害的医学鉴定应符合以下哪些规定?( )
   A. 须由省级以上人民政府指定的医院进行
   B. 须写出鉴定意见
   C. 鉴定意见须有鉴定人签名
   D. 鉴定意见应有医院公章

20.《刑事诉讼法》规定,对犯罪嫌疑人逮捕后的侦查羁押期限不得超过2个月,下列哪些案件在侦查羁押期限内不能侦查终结的,经省级人民检察院批准或者决定,可以延长2个月的侦查羁押期限?( )
   A. 涉外刑事案件
   B. 重大的犯罪集团案件
   C. 流窜作案的重大复杂案件
   D. 犯罪涉及面广,取证困难的重大复杂案件

21. 关于补充侦查,下列哪些选项是正确的?( )
   A. 审查批捕阶段,只有不批准逮捕的,才能通知公安机关补充侦查
   B. 审查起诉阶段的补充侦查以两次为限
   C. 审判阶段检察院应自行侦查,不得退回公安机关补充侦查
   D. 审判阶段法院不得建议检察院补充侦查

22. 关于刑事诉讼中查封、扣押、冻结在案财物的处理,下列哪些选项是正确的?( )
   A. 张三盗窃李四电视机一台,公安机关在侦查过程中将电视机发还李四
   B. 王五被控贩卖毒品,作为证据使用的海洛因应当随案移送当庭出示质证
   C. 马六被控受贿金条若干,未随案移送,判决生效后,根据法院通知该金条由查封、扣押的检察机关上缴国库
   D. 牛七涉嫌受贿罪,在侦查期间自杀身亡,检察机关应当通知金融机构将冻结的牛七的存款、汇款上缴国库

23. 关于技术侦查,下列哪些说法是正确的?( )
   A. 适用于严重危害社会的犯罪案件
   B. 必须在立案后实施
   C. 公安机关和检察院都有权决定并实施
   D. 获得的材料需要经过转化才能在法庭上使用

✗ 不定项选择题

1. 张某因为涉嫌强奸被市公安机关立案侦查并被逮捕,但是在侦查羁押期限已经届满的时候,又发现张某涉嫌盗窃。

(1) 市公安机关的侦查机关到张某盗窃的现场进行侦查,在现场,侦查人员应如何处置?( )
   A. 应进行勘验   B. 应进行检查
   C. 应制作笔录   D. 可以指派非公安机关的专业人员进行勘验

(2) 本案中,如果市公安局决定继续对张某实施羁押时,需要履行哪些手续?( )
   A. 须报上级公安机关批准   B. 须报上级人民检察院批准
   C. 须报同级人民检察院备案   D. 无须告知人民检察院

(3) 张某被逮捕后，哪些人员可以为他申请取保候审？（　　）
A. 张某聘请的律师　　　　　　　　　B. 张某的父亲
C. 张某　　　　　　　　　　　　　　D. 张某的朋友
(4) 关于张某聘请的律师在侦查阶段的行为，符合法律规定的有哪些？（　　）
A. 向公安机关了解张某涉嫌的罪名　　B. 经公安机关同意，向被害人取证
C. 会见在押的张某　　　　　　　　　D. 代理张某申诉

2. 赵某、石某抢劫杀害李某，被路过的王某、张某看见并报案。赵某、石某被抓获后，2 名侦查人员负责组织辨认。请回答第 (1) ~ (2) 题。

(1) 关于辨认的程序，下列选项正确的是（　　）。
A. 在辨认尸体时，只将李某尸体与另一尸体作为辨认对象
B. 在 2 名侦查人员的主持下，将赵某混杂在 9 名具有类似特征的人员中，由王某、张某个别进行辨认
C. 在对石某进行辨认时，9 名被辨认人员中的 4 名民警因紧急任务离开，在 2 名侦查人员的主持下，将石某混杂在 5 名人员中，由王某、张某个别进行辨认
D. 根据王某、张某的要求，辨认在不暴露他们身份的情况下进行

(2) 关于辨认笔录的审查与认定，下列选项正确的是（　　）。
A. 如对尸体的辨认过程没有录像，则辨认结果不得作为定案证据
B. 如侦查人员组织辨认时没有见证人在场，则辨认结果不得作为定案的根据
C. 如在辨认前没有详细向辨认人询问辨认对象的具体特征，则辨认结果不得作为定案证据
D. 如对赵某的辨认只有笔录，没有赵某的照片，无法获悉辨认真实情况的，也可补正或进行合理解释

3. 鲁某与关某涉嫌贩卖冰毒 500 余克，B 省 A 市中级人民法院开庭审理后，以鲁某犯贩卖毒品罪，判处死刑立即执行，关某犯贩卖毒品罪，判处死刑缓期二年执行。一审宣判后，关某以量刑过重为由向 B 省高级人民法院提起上诉，鲁某未上诉，检察院也未提起抗诉。

关于本案侦查，下列选项正确的是（　　）。
A. 本案经批准可采用控制下交付的侦查措施
B. 对鲁某采取技术侦查的期限不得超过 9 个月
C. 侦查机关只有在对鲁某与关某立案后，才能派遣侦查人员隐匿身份实施侦查
D. 通过技术侦查措施收集到的证据材料可作为定案的依据，但须经法庭调查程序查证属实或由审判人员在庭外予以核实

4. 甲、乙（户籍地均为 M 省 A 市）共同运营一条登记注册于 A 市的远洋渔船。某次在公海捕鱼时，甲乙二人共谋杀害了与他们素有嫌隙的水手丙。该船回国后首泊于 M 省 B 市港口以作休整，然后再航行至 A 市。从 B 市起航后，在途经 M 省 C 市航行至 A 市过程中，甲因害怕乙投案自首一直将乙捆绑拘禁于船舱。该船于 A 市靠岸后案发。

本案公安机关开展侦查。关于侦查措施，下列选项正确的是（　　）。
A. 讯问甲的过程中应当同步录音或录像
B. 可在讯问乙的过程中一并收集乙作为非法拘禁案的被害人的陈述
C. 在该船只上进行犯罪现场勘查时，应邀请见证人在场
D. 可查封该船只进一步收集证据

5. 某小学发生一起猥亵儿童案件，三年级女生甲向校长许某报称被老师杨某猥亵。许某报案后，侦查人员通过询问许某了解了甲向其陈述的被杨某猥亵的经过。侦查人员还通过询问甲了解到，另外两名女生乙和丙也可能被杨某猥亵，乙曾和甲谈到被杨某猥亵的经过，甲曾目睹杨某在

课间猥亵丙。讯问杨某时，杨某否认实施猥亵行为，并表示他曾举报许某，许某报案是对他的打击报复。

关于本案侦查措施，下列选项正确的是（　　）。

A. 经出示工作证件，侦查人员可在学校询问甲
B. 询问乙时，可由学校的其他老师在场并代行乙的诉讼权利
C. 可通过侦查实验确定甲能否在其所描述的时间、地点看到杨某猥亵丙
D. 搜查杨某在学校内的宿舍时，可由许某在场担任见证人

名词解释

1. 侦查模式
2. 勘验、检查
3. 现场勘查
4. 侦查实验
5. 辨认

简答题

1. 简述我国刑事诉讼中侦查权的划分。
2. 简述我国刑事诉讼中的退回补充侦查的适用。

论述题

1. 试述对犯罪嫌疑人的侦查羁押期限。
2. 试述侦查终结的条件。
3. 试析我国刑事诉讼法关于犯罪嫌疑人对侦查人员的提问应当如实回答的规定。
4. 试述律师在侦查阶段的权利。

第十九章 起 诉

基础知识图解

起诉
- 概念：法定的机关或者个人，依照法律规定向有管辖权的法院提出控告，要求该法院对被指控的被告人进行审判并予以刑事制裁的一种诉讼活动或程序
- 公诉
  - 审查起诉
    - 概念：人民检察院对侦查机关或侦查部门侦查终结移送起诉的案件受理后，对相关事项审查核实，并作出处理决定的一项诉讼活动
    - 审查内容：犯罪嫌疑人自身情况；有关证据；是否不应追究刑事责任；有无附带民事诉讼；侦查活动的合法性
    - 审查方法：审阅材料；讯问犯罪嫌疑人；听取被害人、犯罪嫌疑人、被害人委托人的意见；补充侦查
    - 审查期限：一般为1个月，特殊情况可以延长
  - 结果
    - 提起公诉
    - 不起诉
- 自诉
  - 种类
    - 告诉才处理案件
    - 被害人有证据证明的轻微刑事案件
    - 公诉转自诉案件
  - 条件
    - 适格的当事人
    - 属于法院管辖
    - 相应的证据

配套测试

单项选择题

1. 应当由什么机关审查决定提起公诉？（   ）
A. 公安机关侦查终结的案件由人民检察院审查决定，人民检察院侦查终结的案件由人民法院审查决定
B. 无论是公安机关侦查终结的案件，还是人民检察院自行侦查终结的案件，一律由人民检察院审查决定
C. 由人民检察院和人民法院共同审查决定
D. 由公安机关和人民检察院共同审查决定

2. A 市人民检察院受理 A 市公安局移送的案件后,经审查认为按照管辖规定应当由 B 市人民检察院起诉。A 市人民检察院应当如何处理?(   )

A. 将案件退回公安机关处理

B. 继续审查完毕并作出是否起诉的决定

C. 将案件移送 B 市人民检察院审查起诉

D. 作出不起诉决定,再移送 B 市人民检察院

3. 人民检察院审查起诉时,发现共同犯罪的部分犯罪嫌疑人在逃。对此案件,人民检察院应当如何处理?(   )

A. 中止诉讼

B. 将案件退回公安机关处理

C. 在公安机关采取措施将在逃的犯罪嫌疑人抓获后进行审查起诉

D. 应要求公安机关采取措施保证在逃的犯罪嫌疑人到案后另案移送审查起诉,对在案的犯罪嫌疑人的审查起诉应当照常进行

4. 检察院在审查起诉时,下列哪一处理方式是正确的?(   )

A. 审查公安机关移送起诉的投毒案,发现犯罪嫌疑人周某根本没有作案时间,遂书面说明理由将案卷退回公安机关并建议公安机关重新侦查

B. 审查吴某、郑某共同抢劫案的过程中,吴某在押但郑某潜逃,遂全案中止审查起诉

C. 甲县公安局将蔡某抢劫案移送甲县检察院审查起诉,甲县检察院审查认为蔡某可能会被判处死刑,遂将案件退回

D. 甲县检察院受理移送起诉的谭某诈骗案,认为应当由谭某居住地的乙县检察院起诉,遂将案卷材料移送乙县检察院审查起诉,但未通知甲县公安局

5. 关于检察院审查起诉,下列哪一选项是正确的?(   )

A. 认为需要对公安机关的勘验、检查进行复验、复查的,可以自行复验、复查

B. 发现侦查人员以非法方法收集证据的,应当自行调查取证

C. 对已经退回公安机关二次补充侦查的案件,在审查起诉中又发现新的犯罪事实的,应当将已侦查的案件和新发现的犯罪一并移送公安机关立案侦查

D. 共同犯罪中部分犯罪嫌疑人潜逃的,应当中止对全案的审查,待潜逃犯罪嫌疑人归案后重新开始审查起诉

6. 人民检察院审查起诉,如认为犯罪情节轻微,依照刑法规定不需要判处刑罚或者免除刑罚时,正确的做法是(   )。

A. 暂缓起诉 　　　　　　　　　　　B. 中止诉讼

C. 可以作出不起诉决定 　　　　　　D. 应当作出不起诉决定

7. 检察院对孙某敲诈勒索案审查起诉后认为,作为此案关键证据的孙某口供系刑讯所获,依法应予排除。在排除该口供后,其他证据显然不足以支持起诉,因而作出不起诉决定。关于该案处理,下列哪一选项是错误的?(   )

A. 检察院的不起诉属于存疑不起诉

B. 检察院未经退回补充侦查即作出不起诉决定违反《刑事诉讼法》的规定

C. 检察院排除刑讯获得的口供,体现了法律监督机关的属性

D. 检察院不起诉后,又发现新的证据,符合起诉条件时,可提起公诉

8. 人民检察院审查起诉时,认为案件事实不清,证据不足,决定退回公安机关补充侦查。公安机关补充侦查,应当在多长时间内补充侦查完毕?(   )

A. 半个月以内 　　　　　　　　　　B. 1 个月以内

C. 1个半月以内　　　　　　　　D. 2个月以内

9. 甲、乙共同实施抢劫，该案经两次退回补充侦查后，检察院发现甲在两年前曾实施诈骗犯罪。关于本案，下列哪一选项是正确的？（　　）

A. 应将全案退回公安机关依法处理

B. 对新发现的犯罪自行侦查，查清犯罪事实后一并提起公诉

C. 将新发现的犯罪移送公安机关侦查，待公安机关查明事实移送审查起诉后一并提起公诉

D. 将新发现的犯罪移送公安机关立案侦查，对已查清的犯罪事实提起公诉

10. 在自诉案件的第二审程序中，当事人提出反诉的，第二审人民法院（　　）。

A. 应当与上诉案件合并审理

B. 可以根据当事人自愿的原则就反诉进行调解，调解不成的，告知当事人另行起诉

C. 裁定予以驳回

D. 应当告知当事人另行起诉

11. 人民检察院对于其建议或者同意适用简易程序的公诉案件，应当如何向人民法院移送案卷及证据材料？（　　）

A. 移送全部案卷和证据材料

B. 移送主要证据复印件、照片、技术性鉴定材料

C. 移送主要证据

D. 移送全部案卷

12. 某看守所干警甲，因涉嫌虐待被监管人乙被立案侦查。在审查起诉期间，A地基层检察院认为甲情节显著轻微，不构成犯罪，遂作不起诉处理。关于该决定，下列哪一选项是正确的？（　　）

A. 公安机关有权申请复议复核

B. 甲有权向原决定检察院申诉

C. 乙有权向上一级检察院申诉

D. 申诉后，上级检察院维持不起诉决定的，乙可以向该地的中级人民法院提起自诉

13. 犯罪嫌疑人有权向检察院提出申诉的不起诉决定是（　　）。

A. 对补充侦查的案件，人民检察院仍然认为证据不足，不符合起诉条件，因而作出的不起诉决定

B. 犯罪嫌疑人的犯罪行为已过追究时效期限，因而作出的不起诉决定

C. 犯罪情节轻微，依法不需要判处刑罚或者免除刑罚，因而作出的不起诉决定

D. 犯罪嫌疑人的行为经特赦令免除刑罚，因而作出的不起诉决定

14. 被不起诉人因不服人民检察院认定其犯罪情节轻微而作出的不起诉决定，可以自收到决定书后（　　）以内向人民检察院申诉。

A. 3日　　　　　　　　　　　　B. 5日

C. 7日　　　　　　　　　　　　D. 10日

15. 甲、乙、丙、丁四人涉嫌多次结伙盗窃，公安机关侦查终结移送审查起诉后，甲突然死亡。检察院审查后发现，甲和乙共同盗窃1次，数额未达刑事立案标准；乙和丙共同盗窃1次，数额刚达刑事立案标准；甲、丙、丁三人共同盗窃1次，数额巨大，但经两次退回公安机关补充侦查后仍证据不足；乙对其参与的2起盗窃有自首情节。关于本案，下列哪一选项是正确的？（　　）

A. 对甲可作出酌定不起诉决定　　B. 对乙可作出法定不起诉决定

C. 对丙应作出证据不足不起诉决定　　D. 对丁应作出证据不足不起诉决定

16. 叶某涉嫌盗窃罪，甲市公安局侦查终结后移送该市检察院审查起诉。甲市检察院审查后，将该案交A区检察院审查起诉。A区检察院审查后认为需要退回公安机关补充侦查。A区检察院

应当如何退回？（　　）

　　A. 应当退回甲市检察院　　　　　　B. 应当退回甲市公安局

　　C. 可以退回甲市公安局　　　　　　D. 应当通过甲市检察院退回甲市公安局

17. 检察院审查案件可以退回公安机关补充侦查。下列关于退回补充侦查的哪一表述是错误的？（　　）

　　A. 退回补充侦查应在一个月以内侦查完成

　　B. 退回补充侦查以两次为限

　　C. 审查起诉期间改变管辖的，改变管辖后退回补充侦查的次数不得超过两次

　　D. 审查起诉期间改变管辖的，改变管辖前后退回补充侦查的次数总共不得超过两次

18. 被害人对于检察院作出不起诉决定不服而在 7 日内提出申诉时，下列哪一说法是正确的？（　　）

　　A. 由作出决定的检察院受理被害人的申诉

　　B. 由与作出决定的检察院相对应的法院受理被害人的申诉

　　C. 被害人提出申诉的同时又向法院起诉的，法院应裁定驳回起诉

　　D. 被害人提出申诉后又撤回的，仍可向法院起诉

19. 齐某（16 岁）与王某（18 岁）无故殴打刘某，致刘某轻伤。齐某、王某因寻衅滋事被立案侦查，移送审查起诉后，齐某认罪认罚，检察机关决定对齐某附条件不起诉。下列哪一行为会影响对齐某的附条件不起诉？（　　）

　　A. 齐某父母对齐某认罪认罚有异议，齐某因此不签署认罪认罚具结书

　　B. 王某表明齐某系主犯，不同意对其适用附条件不起诉

　　C. 齐某表明是刘某先对其动手，自己是正当防卫，并提供相应证据

　　D. 齐父同意附条件不起诉决定，但不同意检察机关要求齐某在观护基地进行帮教

20. 2003 年 11 月，某市发生一起故意杀人案。2024 年 3 月，当地公安机关根据案发时现场物证中提取的 DNA 抓获犯罪嫌疑人陆某。2024 年 7 月，最高人民检察院对陆某涉嫌故意杀人案核准追诉。在最高人民检察院核准前，关于本案处理，下列哪一选项是正确的？（　　）

　　A. 不得侦查本案　　　　　　　　　　B. 可对陆某先行拘留

　　C. 不得对陆某批准逮捕　　　　　　　D. 可对陆某提起公诉

21. 叶某涉嫌飞车抢夺行人财物被立案侦查。移送审查起诉后，检察院认为实施该抢夺行为的另有其人。关于本案处理，下列哪一选项是正确的？（　　）

　　A. 检察院可将案卷材料退回公安机关并建议公安机关撤销案件

　　B. 在两次退回公安机关补充侦查后，检察院应作出证据不足不起诉的决定

　　C. 检察院作出不起诉决定后，被害人不服向法院提起自诉，法院受理后，不起诉决定视为自动撤销

　　D. 如最高人民检察院认为对叶某的不起诉决定确有错误的，可直接撤销不起诉决定

22. 监察机关将刘某受贿案移送检察院审查起诉，检察院审查起诉后认为证据不足，关于本案的处理下列说法正确的是（　　）。

　　A. 检察院经过二次退回补充调查仍无法证明有罪的可以决定不起诉

　　B. 检察院不得自行侦查

　　C. 监察机关对刘某的留置在移送审查起诉期间尚未期满检察院可以继续留置

　　D. 如果检察院作出了不起诉的决定监察机关不服的可以向同级检察院提请复议

多项选择题

1. 人民检察院的自侦案件侦查终结的，可以作出的决定有（　　）。
　A. 提起公诉　　　　B. 不起诉　　　　C. 免予起诉　　　　D. 撤销案件

2. 人民检察院审查起诉时遇有特定情况，应如何计算诉讼期间？（　　）
　A. 改变管辖的，从原受理的人民检察院发现应当改变管辖之日起计算
　B. 改变管辖的，从改变后的人民检察院收到案件之日起计算
　C. 补充侦查的，从决定补充侦查之日起重新计算
　D. 补充侦查的，从补充侦查完毕移送人民检察院后重新计算

3. 提起公诉的条件之一是犯罪嫌疑人的犯罪事实已经查清。下列选项中，哪些可以确认为犯罪事实已经查清？（　　）
　A. 属于单一罪行的案件，查清的事实足以定罪量刑或者与定罪量刑有关的事实已经查清，不影响定罪量刑的事实无法查清的
　B. 属于数个罪行的案件，部分罪行已经查清并符合起诉条件，其他罪行无法查清的，但应以已经查清的罪行起诉的
　C. 无法查清作案工具、赃物去向，但有其他证据足以对被告人定罪量刑的
　D. 证人证言、犯罪嫌疑人供述和辩解、被害人陈述的内容中主要情节一致，只有个别情节不一致且不影响定罪的

4. 对人民检察院的不起诉决定不服的被害人，可以通过哪些方法维护自己的合法权益？（　　）
　A. 自收到决定书后7日以内向上一级人民检察院申诉
　B. 自收到决定书后7日以内向作出不起诉决定的人民检察院申诉
　C. 对经申诉后人民检察院维持不起诉决定的，被害人可以向人民法院起诉
　D. 被害人可以不经申诉，直接向人民法院起诉

5. 提起自诉应当具备哪些条件？（　　）
　A. 自诉人是本案的被害人或者其法定代理人、近亲属
　B. 属于刑事诉讼法和司法解释确定的自诉案件范围
　C. 属于受诉人民法院管辖
　D. 有明确的被告人、具体的诉讼请求和证明被告人犯罪事实的证据

6. 刑事诉讼中以月计算期间的有（　　）。
　A. 侦查羁押　　　　B. 审查起诉　　　　C. 第一审程序　　　　D. 上诉

7. 在补充侦查问题上，刑事诉讼法有哪些相应规定？（　　）
　A. 检察机关在审查批捕中，对于事实不清、证据不足的，有权作出退回补充侦查的决定
　B. 检察机关在审查起诉中，对于需要补充侦查的，可以退回公安机关补充侦查
　C. 人民法院合议庭认为证据不足，有权决定退回检察院补充侦查
　D. 在法庭审理中，检察人员有权建议延期审理，以便对案件补充侦查

8. 对于公安机关移送起诉的案件，人民检察院决定不起诉的（　　）。
　A. 应当将不起诉决定书送达公安机关
　B. 公安机关认为不起诉决定有错误时，可以要求复议乃至提请复核
　C. 被害人不服不起诉决定书的，有权直接向人民法院起诉
　D. 被害人不服不起诉决定书的，有权向检察院申诉；对于维持不起诉决定的，仍有权向人民法院起诉

不定项选择题

1. 穆某因故意伤害潘某被公安机关立案侦查，侦查终结后，移送人民检察院审查起诉。

（1）如果人民检察院对物证存在疑问，可以采取哪些措施？（　　）

A. 责令穆某提供新证据

B. 要求侦查人员提供物证获取的有关情况

C. 对物证进行技术鉴定

D. 必要时，可询问提供物证的人员并制作笔录

（2）若人民检察院发现侦查人员以非法方法收集犯罪嫌疑人供述和被害人陈述，可以采取何种措施？（　　）

A. 应当提出纠正意见，同时要求侦查机关另行指派侦查人员重新调查取证

B. 必要时，人民检察院自行调查取证

C. 请示上一级人民检察院如何处理

D. 报请上一级人民检察院，由其与同级公安机关协商解决

（3）若人民检察院发现据以定罪的证据存在疑问，无法查证属实，或者犯罪构成要件事实缺乏必要的证据予以证明，或者据以定罪的证据之间的矛盾不能合理排除，或者根据证据得出的结论具有其他可能性的，可以作出何种处理？（　　）

A. 退回公安机关补充侦查

B. 自行侦查

C. 请示上一级人民检察院如何处理

D. 与人民法院协商如何处理

（4）若人民检察院认为穆某犯罪情节轻微，依照刑法规定不需要判处刑罚，而作出不起诉决定的，穆某和潘某对不起诉决定不服，可以通过何种途径维护自己的权益？（　　）

A. 穆某可以自收到决定书后 7 日以内向人民检察院申诉

B. 潘某可以自收到决定书后 7 日以内向上一级人民检察院申诉，请求提起公诉

C. 穆某可以直接向人民法院提起自诉

D. 潘某可以直接向人民法院提起自诉

2. 李某因涉嫌抢劫被某县公安机关立案侦查。某县公安局将案件侦查终结后移送县人民检察院审查起诉，请根据本案，回答第（1）～（3）题：

（1）如果县人民检察院审查认为该案应属于其他同级人民法院管辖，则该人民检察院应当如何处理？（　　）

A. 将案件退回公安机关

B. 将案件直接起诉至该同级人民法院

C. 将案卷材料报送共同的上级人民检察院

D. 将此情况通知县公安局

（2）如果本案由人民检察院起诉至该县人民法院，而该县人民法院经审查认为李某可能被判处无期徒刑时，该县人民法院应如何处理本案？（　　）

A. 应当将案件直接退回人民检察院

B. 应当将案件直接移送上一级人民法院

C. 应当将案件报请移送上一级人民法院审判

D. 无须将起诉材料退回同级人民检察院

（3）若在本案的侦查阶段，李某申请侦查员张某回避，对此，下列哪些或哪个说法是正确的？（　　）

A. 李某有权申请张某回避

B. 李某的法定代理人有权申请张某回避

C. 李某的近亲属有权申请张某回避，但须经李某授权

D. 李某的律师有权申请张某回避，但须经李某授权

3. J市公安机关侦查人员舒某、刘某因在侦查一起团伙抢劫案的过程中，对犯罪嫌疑人董某刑讯逼供，直接导致董某死亡，被J市人民检察院依法逮捕。J市人民检察院在侦查该案期间，发现舒某、刘某还曾对证人高某使用暴力手段逼取证言，于是决定对两案合并侦查。侦查终结后，J市人民检察院依法向市人民法院提起公诉。经开庭审理，市人民法院一审以故意杀人罪判处舒某有期徒刑12年，以暴力取证罪判处舒某有期徒刑3年，决定执行有期徒刑13年；以故意杀人罪判处刘某有期徒刑5年，以暴力取证罪判处刘某有期徒刑2年，决定执行有期徒刑6年。一审判决宣告后，刘某不上诉，舒某以一审定性不准、量刑过重为由提出上诉，市人民检察院以一审对舒某的量刑过轻为由提出抗诉。请回答：

（1）舒某、刘某对犯罪嫌疑人董某刑讯逼供，致使董某死亡的行为，依照刑法规定，应当认定为什么罪？（　　）

A. 刑讯逼供罪　　　　B. 故意杀人罪　　　　C. 故意伤害罪　　　　D. 暴力取证罪

（2）如果舒某、刘某在侦查阶段聘请律师，受聘律师可以进行下列选项中的什么活动？（　　）

A. 会见在押的犯罪嫌疑人

B. 查阅、摘抄、复制本案的诉讼文书、技术性鉴定材料

C. 经证人同意，向他们收集与本案有关的材料

D. 对人民检察院侵犯犯罪嫌疑人人身权利和人身侮辱的行为进行控告

（3）如果舒某、刘某在审查起诉阶段聘请律师作为辩护人，受聘律师可以进行下列选项中的什么活动？（　　）

A. 会见在押的犯罪嫌疑人

B. 查阅、摘抄、复制本案的诉讼文书、技术性鉴定材料

C. 经证人同意，向他们收集与本案有关的材料

D. 对人民检察院侵犯犯罪嫌疑人人身权利和人身侮辱的行为进行控告

（4）J市人民检察院在侦查期间，发现舒某、刘某还曾对证人高某使用暴力手段逼取证言，如何计算舒某的侦查羁押期限？（　　）

A. 只按照前一个罪计算侦查羁押期限

B. 自前一个罪的侦查羁押期限届满之日的第二日起计算新发现罪的侦查羁押期限

C. 按照数罪中最重的罪计算侦查羁押期限

D. 自发现对证人使用暴力手段逼取证言的犯罪之日起，重新计算侦查羁押期限

（5）第二审人民法院审理该案时，应当如何量刑？（　　）

A. 对舒某可以判处比原判刑罚更重的刑罚

B. 对刘某可以判处比原判刑罚更重的刑罚

C. 对舒某不得判处比原判刑罚更重的刑罚

D. 对刘某不得判处比原判刑罚更重的刑罚

名词解释

1. 国家追诉主义

2. 起诉法定主义
3. 起诉便宜主义
4. 起诉状一本主义
5. 提起公诉

简答题

1. 简述提起公诉的条件。
2. 审查起诉的内容是什么？
3. 根据《刑事诉讼法》第 177 条第 2 款规定，对于犯罪情节轻微，依照《刑法》规定不需要判处刑罚或者免除刑罚的，人民检察院可以作出不起诉决定。请问：该条所说的不起诉决定的实质和法律后果是什么？法律为什么作此规定？
4. 不起诉的种类和条件。

论述题

1. 试论述对人民检察院不起诉决定的救济。
2. 试论述在提起公诉程序中检察机关与犯罪嫌疑人的诉讼法律关系。
3. 试析酌定不起诉的性质。

案例分析题

1. 某市人民检察院对一起强奸案审查起诉时，被害人姜某要求向人民检察院陈述意见。办案人员认为，该案已经讯问犯罪嫌疑人，并已听取辩护人和被害人委托的诉讼代理人的意见，被害人的要求业已由诉讼代理人反映，没有必要听取被害人的意见，所以，没有听取姜某的意见。在审查起诉中，某市人民检察院认为该案证据不足，决定将案件退回公安机关补充侦查。公安机关重新移送案件后，某市人民检察院经审查，认为该案系属于下级人民法院管辖的案件。

问：
（1）某市人民检察院对该案审查起诉时，应当审查哪些内容？
（2）某市人民检察院对该案审查起诉时，是否应当听取姜某的意见？
（3）某市人民检察院将该案退回补充侦查，应当遵守哪些关于退回补充侦查的规定？
（4）某市人民检察院认为该案系属于下级人民法院管辖的案件，在程序上应当如何处理？

2. 某市（县级市）人民检察院受理了一起该市公安机关移送审查起诉的故意伤害案。经公安机关侦查认定，3 名犯罪嫌疑人王某、董某、凌某于 2024 年 5 月 19 日，因酒后与他人发生口角将被害人胡某打成重伤。在审查起诉时，人民检察院的办案人员发现公安机关仅将其中的两名犯罪嫌疑人王某与董某抓获，另一犯罪嫌疑人凌某案发后一直在逃。检察机关的办案人员就以犯罪嫌疑人尚未全部在案为由，将该案退回公安机关补充侦查。两天后公安机关成功地在外地抓获了凌某又将该案移送审查起诉。而在该期间被害人胡某由于伤情恶化被迫转院至北京治疗。由于路途遥远，办案人员通过电话征询了被害人胡某及其诉讼代理人的意见，并记录在案。检察机关在对该案审查的过程中，发现公安机关在讯问犯罪嫌疑人王某的过程中有刑讯逼供行为，办案人员遂向公安机关提出纠正意见，市公安机关回复了一份工作说明以证明侦查过程中未采用非法取证手段，检察机关的办案人员将该说明加入案卷，继续审查。后又发现该案整体上证据较为薄弱，达不到起诉要求，因此检察机关决定退回补充侦查。补充侦查结束后，检察机关再次对该案进行审查起诉时，根据前后补充的证据并结合全案作出以下处理决定：认定凌某并未参与殴打胡某，只是旁观者，对凌某作出不起诉处理；王某是否参与犯罪，依据现有证据难以认定，检察机关对其作出证据不足的不起诉；董某的罪行虽已查清，但由于无法查清作案工具（一把匕首）的去向，而且董某的真实身份、住址也未查清，检察机关对其作出了暂时不予起诉的决定。

请指出上述审查起诉的过程有哪些程序错误？

3. 某地发生一起重大盗窃案。被告人魏某、高某为首共同邀请李某盗窃作案。三人乘夜晚无人之机，翻墙入室。盗窃了某公司财务室现金 20000 元，三人平分。作案后，魏某在亲属的教育劝导下，到公安机关投案自首，交出全部赃款，在魏某的检举揭发下，公安机关不仅捕获了畏罪潜逃在外地的李某、高某，而且破获了另一起盗窃团伙案，并捕获了三名案犯。另外，在审讯三人犯过程中，还发现李某犯有虐待父母的罪行，发现高某抢劫被害人王某并致伤被害人的行为。公安机关侦查终结后将案件移送检察院审查起诉。在检察院审查起诉过程中，被害人王某提出要求高某赔偿因治伤造成的经济损失 1000 元，同时，李某、高某提出请律师为其辩护但被检察院拒绝。最后，检察院向人民法院起诉李某犯有盗窃罪和虐待罪，起诉高某犯有盗窃罪和抢劫罪。同时，以犯罪情节轻微可以免除刑罚为由，经检察委员会批准对魏某作出不起诉决定并通知了公安机关、魏某和被害人王某。王某不服，遂向同级法院提起诉讼，法院以被害人无权起诉为由不予受理。法院在收到检察院移送的案卷后，认为虽然起诉书有明确指控犯罪事实，也有相关证据材料，但证据不确实，因此将案件退回检察院补充侦查。经检察院补充侦查后，法院才决定开庭审理，并对李某的盗窃、虐待行为和高某的盗窃、抢劫行为以及附带民事诉讼由合议庭提交审判委员会讨论后作出了判决。

问题：

（1）检察院能否对犯罪嫌疑人魏某作不起诉的决定？
（2）被害人王某在检察院作出不起诉决定后是否有权向法院起诉？法院不予受理是否正确？
（3）检察院能否将李某盗窃案和虐待案一并向法院提起公诉？法院能否对这两案合并审理？
（4）检察院拒绝李某、高某委托律师的请求合法吗？
（5）法院退回案卷的理由是否成立？由合议庭提交案件给审判委员会讨论是否正确？

第二十章　第一审程序

基础知识图解

第一审程序
- 公诉
  - 庭前审查程序：庭前审查的内容；庭前审查的方法；庭前审查后的结果
  - 庭前准备程序：是指为了保障法庭审判顺利进行，所进行的各项准备工作
  - 法庭审判程序
    - 开庭
    - 法庭调查
    - 法庭辩论
    - 被告人最后陈述
    - 评议和宣判
- 自诉
  - 一般程序：与公诉第一审程序相似
  - 特殊程序：和解、调解、反诉的适用
- 特殊程序
  - 简易程序
  - 和解
  - 调解
  - 反诉
- 速裁程序特点
  1. 只适用于第一审程序
  2. 只适用于基层人民法院；速裁程序仅适用于可能判处三年有期徒刑以下刑罚的案件，这类案件皆由基层人民法院管辖
  3. 速裁程序的具体内容是对第一审简易程序的进一步简化
  4. 审理期限短；适用速裁程序审理案件，人民法院应当在受理后10日以内审结；对可能判处的有期徒刑超过1年的，可以延长至15日
- 判决、裁定、决定
  - 判决、裁定、决定的适用情形
  - 三者的区别

配套测试

单项选择题

1. 应由全国人民代表大会常务委员会批准延期审理的案件是指（　　）。

A. 一般案件

B. 案情复杂的案件

C. 重大复杂的案件

D. 因为特殊原因,在较长时间内不宜交付审判的特别重大、复杂的案件

2. 在审判过程中,自诉人、被告人患有精神病或者其他严重疾病,以及案件起诉到人民法院以后被告人脱逃,致使案件在较长时间内无法继续审理的,应当(　　)。

A. 延期审理　　　B. 终止审理　　　C. 结案　　　D. 中止审理

3. 刑事审判具有亲历性特征。下列哪一选项不符合亲历性要求?(　　)

A. 证人因路途遥远无法出庭,采用远程作证方式在庭审过程中作证

B. 首次开庭并对出庭证人的证言质证后,某合议庭成员因病无法参与审理,由另一人民陪审员担任合议庭成员继续审理并作出判决

C. 某案件独任审判员在公诉人和辩护人共同参与下对部分证据进行庭外调查核实

D. 第二审法院对决定不开庭审理的案件,通过讯问被告人,听取被害人、辩护人和诉讼代理人的意见进行审理

4. 王某系听障人士,因涉嫌盗窃罪被提起公诉。关于本案,下列哪一选项是正确的?(　　)

A. 讯问王某时,如有必要可通知通晓聋、哑手势的人参加

B. 王某没有委托辩护人,应通知法律援助机构指派律师为其提供辩护

C. 辩护人经通知未到庭,经王某同意,法院决定开庭审理

D. 因事实清楚且王某认罪,实行独任审判

5. 人民法院决定开庭,应当在开庭前(　　)日以前通知人民检察院,(　　)日以前传唤当事人和通知辩护人、证人、鉴定人以及翻译人员,至少提前(　　)日公布案由、被告人姓名、开庭时间、地点等。

A. 3 5 3　　　B. 3 3 3　　　C. 3 7 3　　　D. 5 7 3

6. 人民法院对提起公诉的案件进行审查后,应根据案情作出何种处理决定?(　　)

A. 对于主要事实清楚,证据不足的案件,人民法院可以作出退回补充侦查的决定

B. 对于主要事实不清,证据不足的案件,人民法院可以作出退回补充侦查的决定

C. 如果被告人的行为不构成犯罪,或者犯罪情节轻微,不需要判处刑罚的,人民法院可以要求人民检察院撤回起诉

D. 对于起诉书中有明确的指控犯罪事实并且附有相关的证据目录、证人名单和主要证据复印件或者照片的,应当决定开庭审判

7. 关于自诉案件的程序,下列哪一选项是正确的?(　　)

A. 不论被告人是否羁押,自诉案件与普通公诉案件的审理期限都相同

B. 不论在第一审程序还是第二审程序中,在宣告判决前,当事人都可和解

C. 不论当事人在第一审还是第二审审理中提出反诉的,法院都应当受理

D. 在第二审程序中调解结案的,应当裁定撤销第一审裁判

8. 某市人民法院审理一起杀人案,辩护人提出被告李某不在现场的证据,合议庭认为此项证据存在问题,此时合议庭(　　)。

A. 应当宣布休庭,对证据进行调查核实　　　B. 应当将案件退回,重新侦查

C. 应当否认此项证据的效力　　　D. 可由被害人对此项证据质证

9. 按照我国《刑事诉讼法》的规定,关于法庭审理活动先后顺序的排列,下列哪一选项的组合是正确的?(　　)

①宣读勘验笔录;②公诉人发表公诉词;③讯问被告人;④询问证人、鉴定人;⑤出示物证;⑥被告人最后陈述。

A. ②③⑤④①⑥　　　B. ③④⑤①②⑥

C. ②④⑤①⑥③　　　　　　　　　　D. ③④①⑤②⑥

10. 在刑事诉讼活动中，辩护人有权申请新的证人到庭。根据《刑事诉讼法》的规定，申请的时间是（　　）。
A. 法庭审理中判决前　　　　　　　B. 法庭审理后闭庭前
C. 法庭审理中合议庭评议前　　　　D. 法庭审理前

11. 人民法院审理公诉案件，应当在受理后（　　）以内宣判。
A. 2个月　　　　B. 6个月　　　　C. 1个月　　　　D. 12个月

12. 卢某到人民法院控告其丈夫犯有重婚罪，要求追究其丈夫重婚罪的刑事责任，同时又向法院提出，要求判决与其丈夫离婚，该法院（　　）。
A. 可将其离婚请求作为附带民事诉讼处理
B. 由民庭和刑庭分别处理民事、刑事案件
C. 应由法院合并审理，分别判决
D. 可由法院分别审理，合并判决

13. 根据我国《刑事诉讼法》的规定，下列哪一表述是不准确的？（　　）
A. 涉及国家秘密的犯罪案件不公开审理
B. 有关个人隐私的犯罪案件不公开审理
C. 16周岁以上不满18周岁未成年人犯罪案件一律不公开审理
D. 14周岁以上不满16周岁未成年人犯罪案件一律不公开审理

14. 根据《刑事诉讼法》的规定，合议庭对复杂、重大等案件，可以提请院长决定将案件提交审判委员会讨论。合议庭提请院长将案件提交审判委员会讨论的时间应是以下哪个阶段？（　　）
A. 合议庭开庭审理之前
B. 合议庭开庭审理之后进行评议之前
C. 合议庭开庭审理并经评议之后
D. 合议庭开庭审理之前，院长认为应当提交审判委员会讨论的时候

15. 法院在审理胡某持有毒品案时发现，胡某不仅持有毒品数量较大，而且向他人出售毒品，构成贩卖毒品罪。关于本案，下列哪一选项是正确的？（　　）
A. 如胡某承认出售毒品，法院可直接改判
B. 法院可在听取控辩双方意见基础上直接改判
C. 法院可建议检察院补充或者变更起诉
D. 法院可建议检察院退回补充侦查

16. 被害人张某以故意伤害罪对聋哑人郑某提起自诉，市北道区人民法院受理了该案。该人民法院经审理后，判处郑某拘役6个月，并赔偿被害人医疗费等2000元。下列哪种行为与有关刑事诉讼的规定不符？（　　）
A. 未对郑某采取强制措施
B. 对自诉案件适用普通程序审理
C. 于受理案件后，10个月后的第5日作出宣判
D. 对该自诉案件没有进行调解

17. 甲犯抢夺罪，法院经审查决定适用简易程序审理。关于本案，下列哪一选项是正确的？（　　）
A. 适用简易程序必须由检察院提出建议
B. 如被告人已提交承认指控犯罪事实的书面材料，则无须再当庭询问其对指控的意见
C. 不需要调查证据，直接围绕罪名确定和量刑问题进行审理
D. 如无特殊情况，应当庭宣判

18. 王某以诽谤罪向法院自诉李某。在一审审判过程中，经调解达成协议，调解书合法送达后王某反悔。在此情况下，王某有权采用哪种做法？（　　）

    A. 要求一审人民法院重新判决   B. 向二审法院提出上诉

    C. 重新起诉   D. 提出申诉，要求再审

19. 关于我国刑事诉讼中起诉与审判的关系，下列哪一选项是正确的？（　　）

    A. 自诉人提起自诉后，在法院宣判前，可随时撤回自诉，法院应准许

    B. 法院只能就起诉的罪名是否成立作出裁判

    C. 在法庭审理过程中，法院可建议检察院补充、变更起诉

    D. 对检察院提起公诉的案件，法院判决无罪后，检察院不能再次起诉

20. 高某以诽谤罪将范某起诉至某县法院。县法院经审查认为，该案应属本院管辖，该案有明确的被告人、具体的诉讼请求和能证明被告人犯罪事实的证据，应予受理。但被告人范某目前下落不明。对此，法院应当如何处理？（　　）

    A. 裁定中止审理

    B. 说服自诉人撤回起诉或者裁定不予受理

    C. 宣告范某犯有诽谤罪并处以刑罚

    D. 将案件交公安机关并由公安机关查找范某下落

21. 人民法院通知自诉人委托诉讼代理人的时限应当是（　　）。

    A. 自受理自诉案件之日起5日以内   B. 自受理自诉案件之日起7日以内

    C. 自受理自诉案件之日起3日以内   D. 自受理自诉案件之日起15日以内

22. 某国有银行涉嫌违法发放贷款造成重大损失，该行行长因系直接负责的主管人员也被追究刑事责任，信贷科科长齐某因较为熟悉银行贷款业务被确定为单位的诉讼代表人。关于本案审理程序，下列哪一选项是正确的？（　　）

    A. 如该案在开庭审理前召开庭前会议，应通知齐某参加

    B. 齐某无正当理由拒不出庭的，可拘传其到庭

    C. 齐某可当庭拒绝银行委托的辩护律师为该行辩护

    D. 齐某没有最后陈述的权利

23. 关于刑事判决与裁定的区别，下列哪一选项是正确的？（　　）

    A. 判决解决案件的实体问题，裁定解决案件的程序问题

    B. 一案中只能有一个判决，裁定可以有若干个

    C. 判决只能以书面的形式表现，裁定只以口头作出

    D. 不服判决与不服裁定的上诉、抗诉期限不同

24. 下列哪一情形不得适用简易程序？（　　）

    A. 未成年人案件   B. 共同犯罪案件

    C. 有重大社会影响的案件   D. 被告人没有辩护人的案件

25. 对于适用当事人和解的公诉案件诉讼程序而达成和解协议的案件，下列哪一做法是错误的？（　　）

    A. 公安机关可以撤销案件

    B. 检察院可以向法院提出从宽处罚的建议

    C. 对于犯罪情节轻微，不需要判处刑罚的，检察院可以不起诉

    D. 法院可以依法对被告人从宽处罚

26. 下列哪一案件可适用简易程序审理？（　　）

    A. 甲为境外非法提供国家秘密案，情节较轻，可能判处3年以下有期徒刑

B. 乙犯抢劫案，可能判处10年以上有期徒刑，检察院未建议适用简易程序
C. 丙传播淫秽物品案，经审查认为，情节显著轻微，可能不构成犯罪
D. 丁暴力取证案，可能被判处拘役，丁的辩护人作无罪辩护

27. 苏某因为醉酒驾驶被以涉嫌危险驾驶罪提起公诉，苏某认罪认罚，法院适用速裁程序审理。关于本案，下列选项正确的是？（   ）
A. 如发现本案犯罪嫌疑人可能不是苏某，需要转简易程序审理
B. 检察院可以不再派员出庭参加公诉
C. 法院可以不开展法庭调查和法庭辩论
D. 如苏某因为量刑不当提起上诉，二审法院裁定撤销原判，发回重审

28. 在一审法院审理中出现下列哪一特殊情形时，应以判决的形式作出裁判？（   ）
A. 经审理发现犯罪已过追诉时效且不是必须追诉的
B. 自诉人未经法庭准许中途退庭的
C. 经审理发现被告人系精神病人，在不能控制自己行为时造成危害结果的
D. 被告人在审理过程中死亡，根据已查明的案件事实和认定的证据，尚不能确认其无罪的

多项选择题

1. 下列符合《刑事诉讼法》的规定的是（   ）。
A. 刑事案件由合议庭依法裁判，只有疑难、复杂、重大的案件，合议庭认为难以作出决定的，由合议庭提请院长决定提交审判委员会讨论决定
B. 人民法院受理公诉案件，对于有明确的指控犯罪事实，并且附有证据目录、证人名单和主要证据复印件或者照片的，应当开庭审理
C. 凡是公诉案件，人民检察院都必须派员出庭支持公诉
D. 法庭审理中，举证方向法庭出示证据后，由对方发表质证意见

2. 私营企业财务总管高某利用职务便利多次侵占公司财物，还雇凶将举报他的下属王某打成重伤。关于本案庭前会议，下列哪些选项是正确的？（   ）
A. 高某可就案件管辖提出异议
B. 王某提起附带民事诉讼的，可调解
C. 高某提出其口供系刑讯所得，法官可在审查讯问时同步录像的基础上决定是否排除口供
D. 庭前会议上出示过的证据，庭审时举证、质证可简化

3. 人民法院对自诉案件进行审查后，可以按照下列哪些情况分别处理？（   ）
A. 犯罪事实清楚，有足够证据的案件，应当开庭审判
B. 必须由人民检察院提起公诉的案件，应当移送主管审查的人民检察院
C. 缺乏罪证的自诉案件，如果自诉人提不出补充证据，应当说服自诉人撤诉，或者裁定驳回
D. 被告人的行为不构成犯罪的案件，应当说服自诉人撤回自诉，或者裁定驳回

4. 人民法院对于下列哪些案件，可以适用简易程序？（   ）
A. 告诉才处理的案件
B. 被害人起诉的有证据证明的轻微刑事案件
C. 对依法可能判处3年以下有期徒刑、拘役、管制、单处罚金的公诉案件，事实清楚、证据充分，人民检察院建议或者同意适用简易程序的案件
D. 被害人有证据证明对被告人侵犯自己人身、财产权利的行为应当追究刑事责任，而公安机关或者人民检察院不予追究被告人刑事责任的案件

5. 下列检察院应当不建议或不同意适用简易程序的案件有哪些？（   ）

A. 被告人要求适用普通程序的

B. 辩护人作无罪辩护的

C. 对于案件事实、证据存在较大争议的

D. 被告人是否犯罪、犯有何罪存在争议的

6. 某县人民法院公开审判张某奸淫幼女一案，县人民检察院以人员不足为由，未派员出庭支持公诉。某县人民法院经审理，判处王某有期徒刑15年。法定期限内县人民检察院没有抗诉，被告人没有上诉。判决生效后，张某的近亲属向原审人民法院提出重审。本案在诉讼程序上的错误是（   ）。

A. 张某的近亲属向原审人民法院要求重审

B. 县人民检察院未派员出庭支持公诉

C. 法定期限内县人民检察院没抗诉

D. 公开审判

7. 张律师受聘担任故意杀人案被告人臧某的辩护人。按照我国法律，张律师享有哪些权利？（   ）

A. 法庭调查时的发问权

B. 拒绝辩护权

C. 在开庭前3天得到出庭辩护通知书的权利

D. 在一审宣判后，臧某不同意上诉时，可在特殊情况下为维护臧某的合法权益而代臧某提起上诉

8. 在我国，人民法院依法享有下列哪些职权？（   ）

A. 对刑事被告人决定逮捕、拘传、取保候审和监视居住

B. 决定并执行刑事拘留

C. 必要时可以进行勘验、检查、扣押和鉴定

D. 可以查询和冻结被告人存款

9. 辩护律师在庭审中对控方证据提出异议，主张这些证据不得作为定案依据。对下列哪些证据的异议，法院应当予以支持？（   ）

A. 因证人拒不到庭而无法当庭询问的证人证言

B. 被告人提供了有关刑讯逼供的线索及材料，但公诉人不能证明讯问合法的被告人庭前供述

C. 市场监督管理部门关于查处被告人非法交易行为时的询问笔录

D. 侦查人员在办案场所以外的地点询问被害人所获得的被害人陈述

10. 人民法院调查核实证据，可以进行（   ）。

A. 勘验、检查   B. 模拟实验   C. 鉴定   D. 查询、冻结、扣押

11. 在法庭审理过程中，当事人和辩护人、诉讼代理人有权（   ）。

A. 申请通知新的证人到庭   B. 申请调取新的物证

C. 申请重新鉴定   D. 申请重新勘验

12. 某县法院在对杨某绑架案进行庭前审查中，发现下列哪些情形时，应当将案件退回检察机关？（   ）

A. 杨某在绑架的过程中杀害了人质

B. 杨某在审查起诉期间从看守所逃脱

C. 检察机关移送起诉材料未附证据目录

D. 检察机关移送起诉材料欠缺已经委托辩护人的住址、通信处

13. 下列哪些案件应重新计算办案期限？（   ）
   A. 二审法院发回原审法院重审的案件
   B. 人民检察院补充侦查后移送法院审理的案件
   C. 公安机关第一次补充侦查后移送检察院起诉的案件
   D. 公安机关第二次补充侦查后移送检察院起诉的案件

14. 关于自诉案件的审理，下列哪些做法是正确的？（   ）
   A. 甲、乙系一起伤害案件的自诉人，案件审理中甲撤回起诉，法院继续案件审理
   B. 某伤害案，因检察院作出不起诉决定，被害人提起自诉，审理中自诉人与被告人和解而撤回自诉，法院经审查准许
   C. 某遗弃案，被告人在第二审程序中提出反诉，法院予以受理并与原自诉合并审理
   D. 某侵犯知识产权案，第二审中当事人和解，法院裁定准许撤回自诉并撤销一审判决

15. 下列哪些案件法院审理时可以调解？（   ）
   A. 《刑法》规定告诉才处理的案件
   B. 被害人有证据证明的轻微刑事案件
   C. 检察院决定不起诉后被害人提起自诉的案件
   D. 刑事诉讼中的附带民事诉讼案件

16. Z市F区人民法院开庭审理郭某盗窃案，在调查证据时，宣读了因病不能出庭作证的赵某的证言笔录。依照《刑事诉讼法》的规定，对于该证言笔录，审判人员应当听取哪些人的意见？（   ）
   A. 公诉人   B. 被害人
   C. 被告人   D. 其他出庭作证的证人

17. 人民法院在适用简易程序审理刑事公诉案件时，下列哪些选项是人民检察院应当要求人民法院将简易程序转为普通第一审程序审理案件的情形？（   ）
   A. 对被告人是否犯罪存在疑问的
   B. 案件事实、证据存在较大争议的
   C. 对被告人依法应判处3年以上有期徒刑的
   D. 被告人有新的犯罪事实需要追加起诉一并审理的

18. 在下列何种情形下，经公诉人建议法庭延期审理的时间一次不得超过一个月？（   ）
   A. 发现事实不清、证据不足的
   B. 发现遗漏罪行、遗漏同案犯罪嫌疑人，需要补充侦查或者补充提供证据的
   C. 发现遗漏罪行或者遗漏同案犯罪嫌疑人，虽不需要补充侦查和补充提供证据，但需要提出追加或者变更起诉的
   D. 需要通知开庭前未向人民法院提供名单的证人、鉴定人或者经人民法院通知而未到庭的证人出庭陈述的

19. 关于庭前会议，下列哪些选项是正确的？（   ）
   A. 案情复杂、证据繁多的案件，可以召开庭前会议
   B. 被害人提起附带民事诉讼的，审判人员可在庭前会议中进行调解
   C. 辩护人申请排除非法证据的，可在庭前会议中就是否排除作出决定
   D. 控辩双方可在庭前会议中就出庭作证的证人名单进行讨论

20. 方某涉嫌在公众场合侮辱高某和任某，高某向法院提起自诉。关于本案的审理，下列哪些选项是正确的？（   ）
   A. 如果任某担心影响不好不愿起诉，任某的父亲可代为起诉

B. 法院通知任某参加诉讼并告知其不参加的法律后果，任某仍未到庭，视为放弃告诉，该案宣判后，任某不得再行自诉

C. 方某的弟弟系该案关键目击证人，经法院通知其无正当理由不出庭作证的，法院可强制其到庭

D. 本案应当适用简易程序审理

21. 关于简易程序，下列哪些选项是正确的？（　　）

A. 甲涉嫌持枪抢劫，法院决定适用简易程序，并由两名审判员和一名人民陪审员组成合议庭进行审理

B. 乙涉嫌盗窃，未满16周岁，法院只有在征得乙的法定代理人和辩护人同意后，才能适用简易程序

C. 丙涉嫌诈骗并对罪行供认不讳，但辩护人为其作无罪辩护，法院决定适用简易程序

D. 丁涉嫌故意伤害，经审理认为可能不构成犯罪，遂转为普通程序审理

22. 关于自诉案件的和解和调解，下列哪些说法是正确的？（　　）

A. 和解和调解适用于自诉案件

B. 和解和调解都适用于告诉才处理和被害人有证据证明的轻微案件

C. 和解和调解应当制作调解书、和解协议，由审判人员和书记员署名并加盖法院印章

D. 对于当事人已经签收调解书或法院裁定准许自诉人撤诉的案件，被告人被羁押的，应当予以解除

23. 关于可以适用当事人和解的公诉案件诉讼程序的案件范围，下列哪些选项是正确的？（　　）

A. 交通肇事罪
B. 暴力干涉婚姻自由罪
C. 过失致人死亡罪
D. 刑讯逼供罪

24. 甲、乙二人系药材公司仓库保管员，涉嫌5次共同盗窃其保管的名贵药材，涉案金额40余万元。一审开庭审理时，药材公司法定代表人丙参加庭审。经审理，法院认定了其中4起盗窃事实，另1起因证据不足未予认定，甲和乙以职务侵占罪分别被判处有期徒刑3年和1年。关于丙参与法庭审理，下列选项正确的是（　　）。

A. 丙可委托诉讼代理人参加法庭审理

B. 公诉人讯问甲和乙后，丙可就犯罪事实向甲、乙发问

C. 丙可代表药材公司在附带民事诉讼中要求甲和乙赔偿被窃的药材损失

D. 丙反对适用简易程序的，应转为普通程序审理

名词解释

1. 独任庭
2. 合议庭
3. 审判委员会
4. 人民陪审员制度
5. 审判模式
6. 判决的既判力
7. 交叉询问

简答题

1. 简述延期审理与中止审理的区别。
2. 简述刑事诉讼法规定的一审判决的种类。

3. 试就刑事自诉程序与刑事简易程序作一简要比较。
4. 简述在法庭审判中对违反法庭秩序的人的处理。
5. 简述自诉案件审理的特点。

论述题

1. 试述简易审判程序的特点。
2. 试论当庭质证、认证原则。

案例分析题

1. 被告人白某（男）发现邻居苏某（女）一人在家，遂以借工具为由进入苏家，用刀胁迫苏某强行与之发生性关系，完事后顺手将苏某手机带走。事后，当地检察机关以强奸罪向法院提起公诉。被害人以涉及个人隐私为由向法院提出不要公开审理。但法院为扩大宣传教育，允许当地记者及当地公众旁听此案。同时为提高庭审效率，审判长宣布开庭后，当即进入法庭调查阶段。公诉人宣读起诉书后，审判长问被告人及其辩护人有无意见，被告人及辩护人均说有意见，审判长于是向辩方宣布："给予辩护人2分钟时间提出辩护意见，由于被告人委托了辩护人，被告人的意见应由辩护人一并提出，不再允许被告人陈述自己的意见。"辩护人对此提出抗议，但审判长未予理睬。在审判的最后阶段，审判长告知被告人有5分钟时间进行最后陈述，被告人陈述时首先主动交代拿走了苏某的手机，但当其交代完毕后，审判长即打断白某的陈述，不让他再说下去。然后，审判长当庭作出判决，以强奸罪、盗窃罪数罪并罚，判处白某有期徒刑15年。

问：本案的审理程序有哪些错误，应如何纠误？

2. 某县人民法院收到该县人民检察院移送起诉的曹某（男，15岁）放火一案。经审查人民检察院移送的起诉书及所有案卷，某县人民法院决定于3月7日公开审理此案。于是，某县人民法院在3月1日将起诉书副本送达被告人曹某，并告知可以委托辩护人，曹某当即表示谁也不请。3月5日将开庭的时间、地点分别通知了检察院和诉讼参与人。3月6日，在法院门口的布告栏里贴出关于公开开庭审理曹某放火案的公告。3月7日，法院公开审理此案，没有律师出庭辩护，但曹某为自己进行了辩护，法庭作判决时也充分考虑了曹某的意见。

问：本案在程序上有哪些错误？

3. 张某、王某、李某共同诈骗一案，县人民法院在庭前初步审查过程中，认为起诉书事实不清、证据不足，退回人民检察院补充侦查。检察机关补充侦查后再起诉。一审法院经过审理，以诈骗罪判处张某有期徒刑8年，王某有期徒刑5年，李某有期徒刑2年缓刑2年。一审宣判后，张某向市中级人民法院提出上诉，王某、李某表示不上诉。于是一审法院在将判决书送达三被告的次日，将被告王某、李某交付执行，张某由市中级人民法院进行二审。二审法院经过审理认为一审适用法律不当，裁定撤销原判，将案件发回一审法院重审。一审法院由原合议庭成员对案件重新审理后，改判张某有期徒刑5年，并宣布改判后的判决为终审判决，被告人不得上诉。

问：根据《刑事诉讼法》的规定，此案在处理上，存在哪些诉讼程序上的错误，并简要说明理由。

4. 被告人甲、乙共同将被害人丙杀害。一审程序中，在公诉人对被告甲、乙同时进行讯问后，经审判长许可，丙的父亲丁以附带民事诉讼原告的身份，就犯罪及财产损失事实向甲、乙发问。丙所居住社区的物业管理人员戊旁听了案件审理，并应控方要求就丙的被害情况向法庭作证，先后回答了辩护人、公诉人及审判长的发问。庭审中合议庭对戊的证言及其他证据发现疑问，遂宣布休庭，就被害人死亡时间及原因进一步调查核实。法庭调查中，公诉人发现被告人乙尚有遗漏的犯罪事实，当庭提出要求撤回起诉，法庭审查后作出同意撤回起诉的决定。重新起诉后，甲、乙分别被判处死刑并赔偿原告损失 10 万元。宣判后乙提出上诉，二审法院仅就乙的犯罪部分进行了审查，认为原判决认定事实和适用法律正确、量刑适当，维持了原判，并上报最高人民法院核准。

问：请指出以上案例中在程序方面的不当之处，并简要分析原因。

第二十一章　第二审程序

基础知识图解

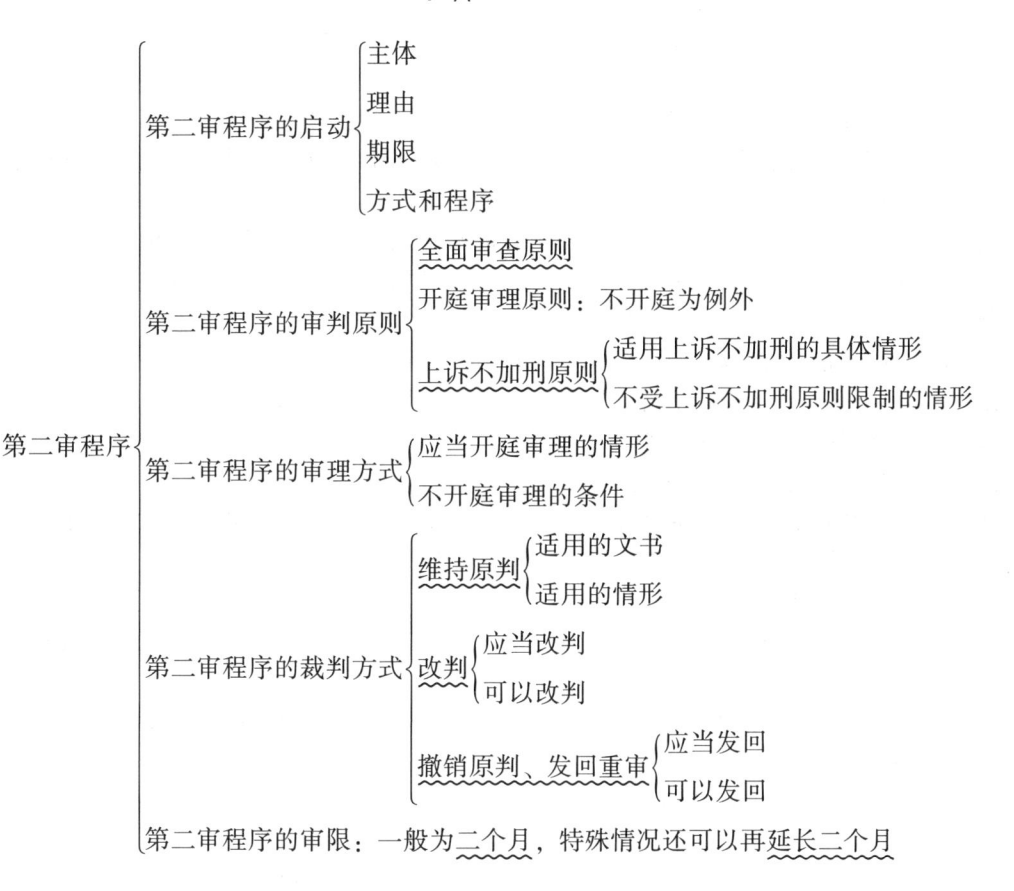

第二审程序
- 第二审程序的启动
  - 主体
  - 理由
  - 期限
  - 方式和程序
- 第二审程序的审判原则
  - 全面审查原则
  - 开庭审理原则：不开庭为例外
  - 上诉不加刑原则
    - 适用上诉不加刑的具体情形
    - 不受上诉不加刑原则限制的情形
- 第二审程序的审理方式
  - 应当开庭审理的情形
  - 不开庭审理的条件
- 第二审程序的裁判方式
  - 维持原判
    - 适用的文书
    - 适用的情形
  - 改判
    - 应当改判
    - 可以改判
  - 撤销原判、发回重审
    - 应当发回
    - 可以发回
- 第二审程序的审限：一般为二个月，特殊情况还可以再延长二个月

配套测试

单项选择题

1. 第二审人民法院审理人民检察院抗诉的案件，应采用何种方式？（　　）

A. 开庭审理

B. 根据案情决定开庭审理或不开庭审理

C. 公开审理

D. 由第二审人民法院与人民检察院协商决定是否开庭审理

2. 甲、乙、丙三人共同实施故意杀人，一审法院判处甲死刑立即执行、乙无期徒刑、丙有期徒刑10年。丙以量刑过重为由上诉，甲和乙未上诉，检察院未抗诉。关于本案的第二审程序，下列哪一选项是正确的？（　　）

A. 可不开庭审理

B. 认为没有必要的，甲可不再到庭

C. 由于乙没有上诉，其不得另行委托辩护人为其辩护

D. 审理后认为原判事实不清且对丙的量刑过轻，发回一审法院重审，一审法院重审后可加重丙的刑罚

3. 一审法院宣判后，如果对刑事部分没有人提出上诉，人民检察院也没有提出抗诉，只有附带民事诉讼当事人上诉，如何确定第一审判决的生效时间？（　　）

A. 第一审刑事部分的判决，在上诉期满后即发生法律效力

B. 刑事部分的判决和附带民事诉讼部分的判决，在第二审人民法院作出终审裁判后发生法律效力

C. 第一审刑事部分的判决，在上诉期满后即发生法律效力，但应当送监执行的第一审刑事被告人是第二审附带民事诉讼被告人的，第一审刑事部分的判决在第二审附带民事诉讼审结后发生法律效力

D. 刑事部分的判决发生法律效力的时间，由第二审人民法院根据案件具体情况确定

4. 一审法院宣判后，如果当事人只对附带民事诉讼部分提出上诉，二审人民法院审理时，发现第一审判决中的刑事部分已生效的判决确有错误，应当如何处理？（　　）

A. 对刑事部分按照审判监督程序进行再审，并将附带民事诉讼部分与刑事部分一并审理

B. 在第二审程序中对刑事和附带民事诉讼部分一并审理并作出判决

C. 只对附带民事诉讼部分进行审理并作出裁判

D. 要求人民检察院对刑事部分提出抗诉

5. 在第二审案件附带民事部分的审理中，第一审民事原告人增加独立的诉讼请求或者第一审民事被告人提出反诉，第二审人民法院应如何处理？（　　）

A. 直接驳回当事人的请求或者反诉

B. 可以根据当事人自愿的原则就新增加的诉讼请求或者反诉进行调解，调解不成的，告知当事人另行起诉

C. 与检察院协商，以确定是否允许增加独立的诉讼请求或者提出反诉

D. 与对方当事人协商，以确定是否允许增加独立的诉讼请求或者提出反诉

6. 甲市人民法院一审对楚某故意伤害一案作出判决。如果该案判决有错误，下列哪个机关有权按照第二审程序提起抗诉？（　　）

A. 甲市人民检察院
B. 甲市人民检察院的上一级人民检察院

C. 各级人民检察院
D. 最高人民检察院

7. 某县人民法院对一起盗窃案作出一审判决。如果该县人民检察院提起抗诉，应当如何提出抗诉书？（　　）

A. 应当直接向该县的上一级人民法院提出抗诉书

B. 应当向该县人民法院提出抗诉书

C. 可以选择向上一级人民法院或该县人民法院提出抗诉书

D. 应当向上一级人民检察院提出建议，由上一级人民检察院向其同级人民法院提出抗诉书

8. 对第一审人民法院所作的裁定不服而提起上诉、抗诉的期限是（　　）。

A. 上诉期限为5日，抗诉期限为10日
B. 上诉期限为10日，抗诉期限为5日

C. 上诉、抗诉期限均为5日
D. 上诉、抗诉期限均为10日

9. 卫某被第一审人民法院以受贿罪判处有期徒刑8年。判决宣布后，卫某的妻子表示要提出上诉。卫某的妻子提出上诉，必须征得谁的同意？（　　）

A. 卫某　　　　　　　　　　　　　　B. 卫某的辩护人
C. 第一审人民法院　　　　　　　　　D. 起诉的人民检察院

10. 附带民事诉讼的当事人和他们的法定代理人，可以对地方各级人民法院一审判决、裁定中的哪部分提出上诉？（　　）

A. 对刑事部分和附带民事部分均可
B. 只能对刑事部分
C. 只能对附带民事部分
D. 既不能对刑事部分也不能对附带民事部分

11. 被害人及其法定代理人不服法院一审判决请求人民检察院提出抗诉的时间是自收到判决书后（　　）以内。

A. 3日　　　　B. 5日　　　　C. 7日　　　　D. 10日

12. 人民检察院自收到被害人及其法定代理人的抗诉请求后（　　）以内，应当作出是否抗诉的决定并且答复请求人。

A. 3日　　　　B. 5日　　　　C. 7日　　　　D. 10日

13. 下列关于刑事诉讼二审程序的表述中正确的为（　　）。

A. 人民检察院提起抗诉既可以通过原审人民法院，也可以直接向二审人民法院提起
B. 被告人、自诉人提出上诉应当通过原审人民法院
C. 上级人民检察院如果认为抗诉不当，可以向同级人民法院撤回抗诉并通知下级人民检察院
D. 二审人民法院对上诉、抗诉案件，经过阅卷，认为事实清楚的，可以不开庭审理

14. 黄某倒卖文物案于2024年5月28日一审终结。6月9日（星期一），法庭宣判黄某犯倒卖文物罪，判处有期徒刑4年并立即送达了判决书，黄某当即提起上诉，但于6月13日经法院准许撤回上诉；检察院以量刑畸轻为由，于6月12日提起抗诉，上级检察院认为抗诉不当，于6月17日向同级法院撤回了抗诉。关于一审判决生效的时间，下列哪一选项是正确的？（　　）

A. 6月9日　　　B. 6月17日　　　C. 6月19日　　　D. 6月20日

15. 第二审人民法院对不服第一审判决的上诉、抗诉案件，经审理后，对案件作出处理决定（　　）。

A. 一律用判决
B. 一律用裁定
C. 一律用决定
D. 根据不同情况，有的用判决，有的用裁定

16. 下列事项中，应适用裁定的是哪项？（　　）

A. 宣告被告人无罪
B. 对审判人员的回避申请
C. 对违反法院秩序人员实施罚款、拘留
D. 二审法院撤销一审法院事实不清、证据不足的判决

17. 某市中级人民法院在审理自诉案件原告人李某提出上诉的案件时，该自诉案件的一审被告人张某对李某提出反诉。市中级人民法院对该反诉应当按照下列哪种方式处理？（　　）

A. 告知李某，案件已进行二审无权提起反诉
B. 告知李某，应当另行起诉
C. 将李某的反诉与原自诉案件合并审理
D. 将本案发回原审法院重新审理

18. 某法院判决赵某犯诈骗罪判处有期徒刑四年，犯盗窃罪判处有期徒刑九年，合并执行有期徒刑十一年。赵某提出上诉。中级人民法院经审理认为，判处刑罚不当，犯诈骗罪应处有期徒刑五年，犯盗窃罪应处有期徒刑八年。根据上诉不加刑原则，下列哪一做法是正确的？（　　）

A. 以事实不清、证据不足为由发回原审法院重新审理

B. 直接改判两罪刑罚，分别为五年和八年，合并执行十二年

C. 直接改判两罪刑罚，分别为五年和八年，合并执行仍为十一年

D. 维持一审判决

19. 下列哪一选项违反上诉不加刑原则？（　　）

A. 一审法院认定马某犯伤害罪判处有期徒刑三年，马某上诉，检察院没有抗诉，二审法院认为一审判决认定事实不清，发回原审法院重新审判

B. 一审法院认定赵某犯抢夺罪判处有期徒刑五年，赵某上诉，检察院没有抗诉，二审法院在没有改变刑期的情况下将罪名改判为抢劫罪

C. 一审法院以盗窃罪判处金某有期徒刑二年、王某有期徒刑一年，金某、王某以没有实施犯罪为由提起上诉，检察院认为对金某量刑畸轻提出抗诉，二审法院经审理认为一审对金某、王某量刑均偏轻，但仅对金某改判为五年

D. 一审法院认定石某犯杀人罪判处死刑立即执行，犯抢劫罪判处无期徒刑，数罪并罚决定执行死刑立即执行。石某上诉后，二审法院认为石某在抢劫现场杀人只构成抢劫罪一个罪，遂撤销一审对杀人罪的认定，以抢劫罪判处死刑立即执行

20. 上级人民检察院如果认为下级人民检察院抗诉不当的，可以（　　）。

A. 责令下级人民检察院撤回抗诉　　B. 说服下级人民检察院撤回抗诉

C. 向下级人民法院撤回抗诉　　　　D. 向同级人民法院撤回抗诉

21. 甲、乙、丙三人因共同诈骗被一审法院判决有罪。甲认为一审判决对自己的量刑过重，提出上诉，乙和丙未上诉。检察院认为一审判决对甲的量刑畸轻，提出抗诉。二审法院开庭审理期间，甲突发疾病而亡。关于本案，二审法院的下列哪一做法是正确的？（　　）

A. 可对全案终止审理

B. 如认为甲上诉理由成立，应作出改判

C. 如认为一审判决对乙的量刑畸轻，可作出改判

D. 如丙要求出席庭审，应当准许

22. 第二审人民法院进行改判的，原判决应当是（　　）的。

A. 认定事实和适用法律正确、量刑适当

B. 认定事实没有错误，但适用法律有错误，或者量刑不当

C. 事实不清，证据不足

D. 严重违反诉讼程序

23. 2024年6月，杨某因强奸罪被一审法院判处有期徒刑8年，杨某不服向上级人民法院提起了上诉，二审经过对上诉材料的审查，决定不开庭审理。下列有关刑事诉讼的第二审程序中阅卷与调查相结合的审理方式和程序的陈述中错误的是（　　）。

A. 合议庭成员共同阅卷，并制作阅卷笔录

B. 讯问被告人，听取其供述和辩解以及对一审裁判的意见。共同犯罪的案件，对没有上诉的被告人不用再进行讯问

C. 听取其他当事人、辩护人、诉讼代理人的意见

D. 合议庭评议和宣判，经过合议庭认定的事实与第一审认定的没有变化，证据充分的，可以不开庭审理即作出相应的处理决定，并予以公开宣判

24. 某县人民法院一审以抢夺罪判处高某有期徒刑 3 年。一审宣判后高某向市中级人民法院提出上诉，县人民检察院未提出抗诉。市中级人民法院经审理，认为原判认定事实清楚，证据充分，但罪名认定不当，量刑过轻，高某的行为构成抢劫罪，应判处有期徒刑 6 年。市人民法院应当作出何种处理？（　　）
  A. 将抢夺罪改判为抢劫罪，将原判刑期改为 6 年
  B. 在维持原判罪名的情况下将原判刑期改为 6 年
  C. 在不加重原判刑罚的情况下将罪名改为抢劫罪
  D. 维持原判

25. 关于法定代理人对法院一审判决、裁定的上诉权，下列哪一说法是错误的？（　　）
  A. 自诉人的法定代理人有独立上诉权
  B. 被告人的法定代理人有独立上诉权
  C. 被害人的法定代理人有独立上诉权
  D. 附带民事诉讼当事人的法定代理人对附带民事部分有独立上诉权

☑ 多项选择题

1. 甲被一审人民法院判处有期徒刑 7 年。甲不服，可以采取何种方式提出上诉？（　　）
  A. 用书状形式提出　　　　　　　　B. 用口头形式提出
  C. 通过原审人民法院提出　　　　　D. 直接向上一级人民法院提出

2. 韦某被某区人民法院以抢劫罪一审判处有期徒刑 6 年。宣判后，韦某不服提出上诉，但其后又要撤回上诉。第二审人民法院应当如何处理？（　　）
  A. 如果在上诉期限内要求撤回上诉的，应当准许
  B. 如果在上诉期满后要求撤回上诉的，第二审人民法院应进行审查，以确定是否准许
  C. 不论在上诉期限内还是上诉期满后要求撤回的，第二审人民法院都应进行审查
  D. 第二审人民法院应与人民检察院协商，以确定是否准许撤回上诉

3. 甲一审被判处有期徒刑 3 年。宣判后，人民检察院没有抗诉，甲某在上诉后又撤回上诉。该案第一审判决生效日期应当如何确定？（　　）
  A. 上诉期满前撤回的，自撤回之日起生效
  B. 上诉期满前撤回的，自上诉期满之日起生效
  C. 上诉期满后撤回的，自上诉期满之日起生效
  D. 上诉期满后撤回的，自第二审人民法院准许撤诉的裁定书送达原上诉人之日起生效

4. 第二审人民法院审理人民检察院提出抗诉的案件，应当按照（　　）规定办理？
  A. 第二审人民法院应当在决定开庭审理后及时通知同级人民检察院查阅案卷
  B. 提起抗诉的人民检察院应当派员出庭
  C. 第二审人民法院的同级人民检察院应当派员出庭
  D. 第二审人民法院应当开庭审理

5. 第一审人民法院对甲、乙、丙共同犯罪的案件作出判决后，甲提出上诉，人民检察院对乙的判决提出抗诉。第二审人民法院审理此案时，应当如何办理？（　　）
  A. 既审查上诉、抗诉的被告人部分，也审查没有上诉、抗诉的被告人部分
  B. 即使原判决量刑畸轻，也不得加重甲、丙的刑罚
  C. 只审查上诉、抗诉的被告人部分
  D. 如果原判决量刑畸轻，可以加重甲、乙、丙的刑罚

6. 第二审人民法院发现第一审人民法院的审理有下列哪些情形时，应当裁定撤销原判，发回原审人民法院重新审判？（　　）

A. 违反刑事诉讼法有关公开审判的规定的

B. 违反回避制度的

C. 剥夺或者限制了当事人的法定诉讼权利的

D. 审判组织的组成不合法的

7. 某基层法院就郭某敲诈勒索案一审适用简易程序，判处郭某有期徒刑4年。对于一审中的下列哪些情形，二审法院应以程序违法为由，撤销原判发回重审？（　　）

A. 未在开庭10日前向郭某送达起诉书副本

B. 由一名审判员独任审理

C. 公诉人没有对被告人进行发问

D. 应公开审理但未公开审理

8. 甲、乙共同犯罪案件，一审人民法院宣判后，人民检察院认为对乙量刑过轻，遂提起抗诉。在第二审程序中，甲有哪些权利或义务？（　　）

A. 第二审人民法院不得加重其刑罚　　　B. 有权委托辩护人辩护

C. 有权参加法庭辩论　　　　　　　　　D. 应当参加法庭调查

9. 第二审人民法院开庭审理时，在法庭辩论阶段，应当按照什么程序进行？（　　）

A. 如果是上诉案件，先由上诉人、辩护人发言，再由检察人员发言

B. 如果是抗诉案件，先由检察人员发言，再由被告人、辩护人发言

C. 如果是既有上诉又有抗诉的案件，先由检察人员发言，再由上诉人、辩护人发言

D. 不论是上诉或是抗诉案件，都由第二审人民法院根据案情决定发言顺序

10. 自诉案件的第二审程序，应当遵守哪些规定？（　　）

A. 对第二审自诉案件，必要时可以进行调解

B. 当事人可以自行和解

C. 对调解结案或者和解的自诉案件，被告人被采取强制措施的，应立即予以解除

D. 在第二审中，对当事人提出的反诉，应当合并审判

11. 不服地方各级人民法院一审判决、裁定，可以独立用书面或口头形式向上一级人民法院提出上诉的是（　　）。

A. 被告人　　　　　　　　　　　　　　B. 被告人的法定代理人

C. 被害人　　　　　　　　　　　　　　D. 被害人的诉讼代理人

12. 下列哪些案件应当另行组成合议庭进行审理？（　　）

A. 一审案件　　　　　　　　　　　　　B. 二审发回一审法院重审的案件

C. 再审案件　　　　　　　　　　　　　D. 刑事审判在先的附带民事诉讼案件

13. 董某因强奸罪被Z县人民法院判处有期徒刑8年。判决宣告后，董某以量刑过重为理由提出上诉，但在上诉期满后又要求撤回上诉。对于董某撤回上诉，二审法院应当如何处理？（　　）

A. 允许董某撤回上诉

B. 对上诉案件进行审查，如果原判认定事实和适用法律正确，量刑适当，应当裁定准许董某撤回上诉

C. 对上诉案件进行审查，如果原判认定事实不清，证据不足或适用法律错误、量刑不当，应当不允许撤回上诉

D. 如果原判认定事实不清，证据不足或适用法律错误、量刑不当而不允许撤回上诉的，应当按照上诉程序进行审理

14. 在下列情形中，不受上诉不加刑原则限制的有（　　）。
   A. 被告人一方上诉，人民检察院也提起抗诉的
   B. 被告人一方上诉，自诉人一方也提起上诉的
   C. 被告人一方没有上诉，自诉人一方上诉的
   D. 被告人没有上诉，被告人的法定代理人上诉的

15. 朱某自诉陈某犯诽谤罪，法院审理后，陈某反诉朱某侮辱罪。法院审查认为，符合反诉条件，合并审理此案，判处陈某有期徒刑一年，判处朱某有期徒刑一年。两人不服，均以对对方量刑过轻、己方量刑过重为由提出上诉。关于二审法院的判决，下列哪些选项是正确的？（　　）
   A. 如认为对两人量刑均过轻，可同时加重朱某和陈某的刑罚
   B. 如认为对某一人的量刑过轻，可加重该人的刑罚
   C. 即使认为对两人量刑均过轻，也不得同时加重朱某和陈某的刑罚
   D. 如认为一审量刑过轻，只能通过审判监督程序纠正

16. 第二审人民法院开庭审理案件时，同级人民检察院应当派员出庭的是（　　）。
   A. 有辩护人的案件　　　　　　B. 双方当事人都提出上诉的案件
   C. 人民检察院提出抗诉的案件　　D. 公诉案件

不定项选择题

1. 鲁某与关某涉嫌贩卖冰毒500余克，B省A市中级人民法院开庭审理后，以鲁某犯贩卖毒品罪，判处死刑立即执行，关某犯贩卖毒品罪，判处死刑缓期二年执行。一审宣判后，关某以量刑过重为由向B省高级人民法院提起上诉，鲁某未上诉，检察院也未提起抗诉。

   如B省高级人民法院审理后认为，本案事实清楚、证据确实充分，对鲁某的量刑适当，但对关某应判处死刑缓期二年执行同时限制减刑，则对本案正确的做法是（　　）。
   A. 二审应开庭审理
   B. 由于未提起抗诉，同级检察院可不派员出席法庭
   C. 高级人民法院可将全案发回A市中级人民法院重新审判
   D. 高级人民法院可维持对鲁某的判决，并改判关某死刑缓期二年执行同时限制减刑

2. 甲、乙二人系药材公司仓库保管员，涉嫌5次共同盗窃其保管的名贵药材，涉案金额40余万元。一审开庭审理时，药材公司法定代表人丙参加庭审。经审理，法院认定了其中4起盗窃事实，另1起因证据不足未予认定，甲和乙以职务侵占罪分别被判处有期徒刑3年和1年。

   一审判决作出后，乙以量刑过重为由提出上诉，甲未上诉，检察院未抗诉。关于本案二审程序，下列选项正确的是（　　）。
   A. 二审法院受理案件后应通知同级检察院查阅案卷
   B. 二审法院可审理并认定一审法院未予认定的1起盗窃事实
   C. 二审法院审理后认为乙符合适用缓刑的条件，将乙改判为有期徒刑2年，缓刑2年
   D. 二审期间，甲可另行委托辩护人为其辩护

名词解释

1. 抗诉
2. 全面审查原则
3. 发回重审

简答题

1. 简述第二审人民法院对上诉、抗诉案件经审查和审理后，可以作出的判决、裁定及其适用条件。

2. 我国《刑事诉讼法》第238条规定："第二审人民法院发现第一审人民法院的审理有下列违反法律规定的诉讼程序的情形之一的，应当裁定撤销原判，发回原审人民法院重新审判：（一）违反本法有关公开审判的规定的；（二）违反回避制度的；（三）剥夺或者限制了当事人的法定诉讼权利，可能影响公正审判的……"

请结合这一条文，回答下列问题：
(1) 你对第一审人民法院违反法律程序的后果是如何理解的？
(2) 本条的规定对于维护程序法的尊严有何意义？

3. 如何理解第二审程序要对上诉进行全面审查原则？

4. 简述提起上诉、抗诉的理由。

论述题

1. 试述上诉人的范围。

2. 试论上诉不加刑原则。

案例分析题

1. 武某、黄某、许某因抢劫金某被一审法院分别判处有期徒刑8年、6年、2年，并判处赔偿金某医疗费等计6000元。一审判决宣告并送达后，武某以量刑过重为由提出上诉，金某以赔偿数额太少为由对附带民事部分提出上诉。

问：(1) 武某、金某提出上诉，其诉讼程序应当如何进行？
(2) 对附带民事诉讼部分上诉，上诉期限如何确定？
(3) 第二审人民法院审理该案，应如何贯彻全面审查原则？
(4) 第二审人民法院审理该案，应如何贯彻上诉不加刑原则？

2. 佟某故意伤害杨某一案经某县人民法院审理并作出判决，判处佟某有期徒刑5年。在上诉、抗诉期限内，被告人佟某以量刑过重为由提出上诉，市人民检察院以量刑过轻为由提出抗诉。上诉状和抗诉书都由上诉人和抗诉机关直接提交到市中级人民法院。

市中级人民法院接到上诉、抗诉后，对案卷材料进行了审查，并讯问了佟某，听取了杨某的意见，认为本案事实清楚、证据确实充分，但原判决对佟某的量刑过轻，应当判处有期徒刑10年。但由于本案的被告人提出了上诉，第二审人民法院考虑到上诉不加刑原则，对被告人不能加重刑罚，因而没有改判，而是裁定撤销原判，发回县人民法院重新审判。

县人民法院收到发回的案件后，立即组织原合议庭成员对案件重新审判并作出了判决，县人民法院在判决书中提道："本判决为终审判决，不得上诉、抗诉。"

问：在本案中，有哪些地方违反了刑事诉讼程序的规定？

3. 孙某，女，22岁，某厂车间纺织工人。刘某，男，27岁，与孙某同在一个车间工作。刘某进厂后，与孙某分在一处，因孙某在刘某进厂时被厂领导安排，对刘某进行工作指导。刘某因此非常感激孙某，经常隔三岔五地去孙某宿舍看望孙某。孙某刚开始不在意，后来，刘某在厂子里到处宣扬说自己正和孙某谈恋爱，并警告其他人不准再接近孙某，不准再打孙某的主意。孙某知道后告诉刘某，说自己已有男朋友并已准备结婚，让他不要瞎说。但刘某不听，仍在厂里大肆渲染他与孙某的恋爱关系。孙某听后非常气愤，多次警告刘某，但刘某仍坚持己意，并扬言要找孙某男友算账。孙某忍无可忍，在一次厂里大会上向大家公开说明，她与刘某之间无任何关系。刘某恼羞成怒，以后经常公开侮辱孙某，不断采用各种下流手段，致使孙某不堪忍受，服毒自杀。此案被公安机关依法立案侦查，至一审结束，刘某被判处三年有期徒刑，缓刑三年。刘某不服，以双方谈恋爱中的打情骂俏不构成犯罪为由上诉；孙某的法定代理人丙亦上诉至二审法院，认为一审判的刑罚太轻。二审法院依法开庭审理了此案，认为刘某侮辱他人情节恶劣，且致被害人死亡。因而遂改判刘某有期徒刑3年，宣判后予以收监执行。

问：（1）本案程序上存在哪些问题？

（2）二审法院改判缓刑为实刑的做法是否符合法律规定？

（3）在什么情况下，二审程序不受"上诉不加刑"原则的限制？

4. 2024年5月31日，孙某因涉嫌伤害他人被甲县公安机关拘留，同年9月转逮捕。7月31日，甲县人民检察院以孙某犯有故意伤害罪提起公诉。县法院开庭审理了此案，并于2024年8月2日作出如下判决：被告人孙某犯故意伤害罪，判处有期徒刑三年，缓刑三年。被告人不服，提出上诉。

问：（1）若二审法院经过审理，改判孙某有期徒刑三年，请问这种处理是否合法，为什么？

（2）若被害人在二审阶段提出附带民事诉讼的请求，对此二审法院应如何处理，为什么？

5. 张某与王某因口角发生扭打，张某将王某打成重伤。检察院以故意伤害罪向法院提起公诉，被害人王某同时向法院提起附带民事诉讼。

问：（1）如果一审宣判后，张某对刑事部分不服提出上诉，王某对民事部分不服提出上诉，第二审法院在审理中发现本案的刑事部分和附带民事部分认定事实都没有错误，但适用法律有错误，应当如何处理？

（2）如果一审宣判后，检察院对本案刑事部分提起了抗诉，本案的附带民事部分没有上诉。第二审法院在审理中发现本案民事部分有错误，二审法院对民事部分应如何处理？

（3）如果一审宣判后，本案的刑事部分既没有上诉也没有抗诉，王某对本案附带民事部分提起了上诉，在刑事部分已经发生法律效力的情况下，二审法院在审理中发现本案的刑事部分有错误，二审法院应如何处理？

（4）如果一审宣判后，王某对附带民事部分判决上诉中增加了独立的诉讼请求，张某在二审中也对民事部分提出了反诉，二审法院应当如何处理？

（5）如果在一审程序中，法院审查王某提起的附带民事诉讼请求后，认为不符合提起附带民事诉讼的条件，法院应当如何处理？

（6）如果法院受理了附带民事诉讼，根据我国《刑事诉讼法》及司法解释相关规定，对一审过程中附带民事诉讼的调解，法院应当如何处理？

第二十二章 死刑复核程序

基础知识图解

死刑复核程序
- 死刑立即执行案件的核准权：最高人民法院
- 判处死刑立即执行案件的复核
  - 复核庭的组成
    - 必须是合议庭
    - 由各审判员组成
  - 复核的处理
    - 核准的裁定、判决
    - 不予核准的裁定
- 判处死刑缓期2年执行案件的复核程序
  - 判处死刑缓期2年执行案件的报请
  - 判处死刑缓期2年执行案件的复核
  - 要由高级人民法院核准

配套测试

单项选择题

1. 最高人民法院复核死刑案件，高级人民法院复核死刑缓期2年执行的案件，应当（　　）。
A. 由审判员3人组成合议庭进行
B. 由审判员3人组成复核庭进行
C. 由审判员3人至5人组成合议庭进行
D. 由审判员3人至7人组成复核庭进行

2. 甲因抢劫被某中级人民法院判处死刑缓期2年执行。甲在死刑缓期执行期间，如果故意犯罪，且经查证属实，依法应当执行死刑时，下列选项中正确的有（　　）。
A. 由原审人民法院复核
B. 由高级人民法院核准
C. 由最高人民法院复核并核准
D. 由最高人民法院核准

3. 甲因故意杀人被市中级人民法院一审判处死刑缓期2年执行后，被告人甲未上诉，人民检察院也未抗诉。高级人民法院在核准过程中，认为原判决认定事实不清，应当判处被告人死刑立即执行。对此，高级人民法院正确的做法是（　　）。
A. 应当裁定核准死刑缓期2年执行判决
B. 应当决定提审后判处被告人死刑立即执行
C. 应当裁定发回原审法院重新审判，或依法改判
D. 应当改判被告人死刑立即执行

4. 由高级人民法院核准的案件是（　　）。
A. 中级人民法院判处死刑缓期二年执行的案件
B. 中级人民法院判处死刑的第一审案件
C. 判处死刑的第二审案件
D. 死刑案件

5. 死刑复核程序以其独有的特征区别于普通程序，又不同于其他特殊程序，下面对其特殊性的表述中不正确的是（　　）。

A. 审理对象特殊。死刑复核程序只适用于判处死刑的案件，包括判处死刑立即执行的案件和判处死刑缓期2年执行的案件

B. 所处的诉讼阶段特殊。死刑复核程序的进行一般是在死刑判决作出之后，发生法律效力并交付执行之前

C. 核准权具有专属性。依据刑事诉讼法的相关规定，有权进行死刑复核的机关只有最高人民法院和高级人民法院

D. 报请复核的方式特殊。依照法律有关规定，报请复核一般要按照法院的组织系统逐级上报，但在一些特殊情况下，也可以越级报核

6. 甲和乙因故意杀人被中级人民法院分别判处死刑立即执行和无期徒刑。甲、乙上诉后，高级人民法院裁定维持原判。关于本案，下列哪一选项是正确的？（　　）

A. 高级人民法院裁定维持原判后，对乙的判决即已生效

B. 高级人民法院应先复核再报请最高人民法院核准

C. 最高人民法院如认为原判决对乙的犯罪事实未查清，可查清后对乙改判并核准甲的死刑

D. 最高人民法院如认为甲的犯罪事实不清、证据不足，不予核准死刑的，只能使用裁定

7. 高级人民法院审理或者复核判处死刑缓期执行并限制减刑的案件，认为原判对被告人判处死刑缓期执行适当，但判决限制减刑不当的，应当（　　）。

A. 发回重审　　　　　　　　　　B. 依法改判，撤销限制减刑
C. 撤销原判　　　　　　　　　　D. 立即执行

8. 段某因贩卖毒品罪被市中级人民法院判处死刑立即执行，段某上诉后省高级人民法院维持了一审判决。最高人民法院复核后认为，原判认定事实清楚，但量刑过重，依法不应当判处死刑，不予核准，发回省高级人民法院重新审判。关于省高级人民法院重新审判，下列哪一选项是正确的？（　　）

A. 应另行组成合议庭

B. 应由审判员5人组成合议庭

C. 应开庭审理

D. 可直接改判死刑缓期2年执行，该判决为终审判决

多项选择题

1. 报请最高人民法院核准在法定刑以下判处刑罚的案件，应当如何处理？（　　）

A. 上诉或者抗诉无理的，应当裁定驳回上诉或者抗诉，维持原判，并按照规定的程序逐级报请最高人民法院核准

B. 上诉或者抗诉有理的，应当依法改判

C. 被告人不提出上诉、人民检察院不提出抗诉的，在上诉、抗诉期满后10日内报请上一级人民法院复核。上一级人民法院同意原判的，应当逐级报请最高人民法院核准；上一级人民法院不同意原判的，应当裁定发回重新审判或者改变管辖，按照第一审程序重新审理

D. 被告人提出上诉或者人民检察院提出抗诉的案件，应当按照第二审程序审理

2. 下列关于死刑复核程序与第二审程序的选项中，正确的有（　　）。

A. 有死刑核准权的法院认为原判决认定事实有错误的，应当裁定撤销原判，发回重审

B. 第二审法院认为原判决认定事实有错误的，应当裁定撤销原判，发回重审

C. 有死刑核准权的法院认为原判决认定事实有错误的，可以查清事实后改判

D. 第二审法院认为原判决认定事实确有错误的，可以查清事实后改判

3. 甲被某中级人民法院判处死刑，同案犯乙因其他罪另案处理，关于本案中最高人民法院死刑复核程序，下列说法正确的是？（　　）

　　A. 提交到最高人民法院的报告应包含同案犯乙的处理情况

　　B. 最高人民法院审查认为不应当判处死刑立即执行的，可以直接改判

　　C. 甲的辩护律师可将辩护意见直接寄送最高人民法院

　　D. 如死刑复核期间最高检提出意见，最高人民法院应当面听取并制作笔录

4. 高级人民法院对中级人民法院报请核准死刑缓期2年执行的第一审案件，如果被告人不上诉，检察院不抗诉的，可以作出下列哪些处理？（　　）

　　A. 同意判处死刑缓期2年执行的，裁定予以核准

　　B. 认为原判量刑过重的，对被告人的量刑依法改判

　　C. 认为原判量刑过轻的，对被告人的量刑依法改判

　　D. 认为原判事实不清、证据不足的，裁定发回原一审法院重新审判

5. 最高人民法院复核死刑案件时，裁定不予核准，发回重审的案件，应当如何处理？（　　）

　　A. 既可以发回二审法院重新审判，也可以发回一审法院重新审判

　　B. 发回二审法院重新审判的案件，除法律另有规定外，二审法院可以不经开庭直接改判

　　C. 发回一审法院重新审判的案件，一审法院应当开庭审理

　　D. 最高人民法院复核后认为原判认定事实正确，但依法不应当判处死刑的，裁定不予核准，并撤销原判，发回重新审判的案件，重新审判的法院应当另行组成合议庭进行审理

6. 对以杀人罪判处死刑立即执行案件复核后，可以用判决直接改判的条件有（　　）。

　　A. 原判事实不清

　　B. 证据不足

　　C. 原判认定事实无误，只是适用法律有误

　　D. 原判认定事实无误，但量刑不当

7.《刑事诉讼法》规定，下级法院接到最高人民法院执行死刑的命令后，发现有关情形时，应当停止执行，并且立即报告最高人民法院，由最高人民法院作出裁定。下列哪些情形应当适用该规定？（　　）

　　A. 发现关键定罪证据可能是刑讯逼供所得

　　B. 判决书认定的年龄错误，实际年龄未满18周岁

　　C. 提供一重大银行抢劫案线索，经查证属实

　　D. 罪犯正在怀孕

8. 李某因爆炸罪被河南省高级人民法院判处死刑，李某对判决表示服从不再上诉，河南省高级人民法院于是将本案提交最高人民法院进行死刑复核。下列有关死刑复核程序的陈述中正确的是（　　）。

　　A. 死刑复核程序是死刑案件的终审程序。一般刑事案件经过第一审、第二审程序以后，判决即发生法律效力，二审死刑案件还要经过死刑复核程序

　　B. 死刑复核程序在程序启动上具有自动性。第一审程序和第二审程序的启动都遵守不告不理的原则，而死刑复核程序的启动既不需要检察机关提起公诉或者抗诉，也不需要当事人提起自诉或者上诉

　　C. 死刑复核程序的任务在于，由享有复核权的人民法院对下级法院报请复核的死刑判决、裁决，在认定事实和适用法律上是否正确进行全面审查，依法作出是否核准死刑的决定

　　D. 所处的诉讼阶段特殊。死刑复核程序的进行一般是在死刑判决作出之后，发生法律效力并交付执行之前

不定项选择题

1. 何某因贪污罪被某中级人民法院一审判处死刑。请回答下列问题：

（1）如果一审判决后被告人何某不上诉、人民检察院不抗诉，下列选项中正确的有（   ）。
A. 一审法院应当在上诉、抗诉期满后 5 日内报请高级人民法院复核
B. 高级人民法院同意判处死刑的，应当依法作出裁定后，报请最高人民法院核准
C. 一审法院应当在上诉、抗诉期满后 3 日内报请高级人民法院复核
D. 高级人民法院不同意判处死刑的，应当提审或者发回中级人民法院重新审判

（2）报请复核死刑时须报送的材料应当包括（   ）。
A. 报请复核的报告
B. 死刑案件综合报告和判决书各 5 份
C. 全部的诉讼案卷
D. 全部的证据

（3）若一审判决后被告人何某提出上诉或者人民检察院提出抗诉，下列选项中正确的有（   ）。
A. 高级人民法院二审改判死缓的，报请最高人民法院核准
B. 高级人民法院二审裁定维持死刑判决的，报请最高人民法院核准
C. 高级人民法院二审改判死缓的判决，是终审的判决
D. 高级人民法院二审改判死缓的，高级人民法院自行核准

（4）本案中，经最高人民法院复核，对何某一案可以作出的裁判有（   ）。
A. 原审判决认定事实和适用法律正确、量刑适当诉讼程序合法的，裁定予以核准
B. 原审判决认定事实错误或者证据不足的，裁定不予核准，并撤销原判，发回重审
C. 原审判决认定的事实正确，但适用法律有错误，或者量刑不当，不同意判处死刑的，裁定不予核准，并撤销原判，发回重审
D. 发现第一审人民法院或者第二审人民法院违反法律规定的诉讼程序，可能影响正确判决的，应当裁定不予核准并撤销原判，发回第一审人民法院或者第二审人民法院重新审判

2. 鲁某与关某涉嫌贩卖冰毒 500 余克，B 省 A 市中级人民法院开庭审理后，以鲁某犯贩卖毒品罪，判处死刑立即执行，关某犯贩卖毒品罪，判处死刑缓期二年执行。一审宣判后，关某以量刑过重为由向 B 省高级人民法院提起上诉，鲁某未上诉，检察院也未提起抗诉。

如 B 省高级人民法院审理后认为，一审判决认定事实和适用法律正确、量刑适当，裁定驳回关某的上诉，维持原判，则对本案进行死刑复核的正确程序是（   ）。
A. 对关某的死刑缓期二年执行判决，B 省高级人民法院不再另行复核
B. 最高人民法院复核鲁某的死刑立即执行判决，应由审判员三人组成合议庭进行
C. 如鲁某在死刑复核阶段委托律师担任辩护人的，死刑复核合议庭应在办公场所当面听取律师意见
D. 最高人民法院裁定不予核准鲁某死刑的，可发回 A 市中级人民法院或 B 省高级人民法院重新审理

名词解释

1. 死刑核准权
2. 刑事诉讼中的阅卷

简答题

简述判处死刑缓期执行案件的复核程序。

论述题

1. 试论述死刑复核程序的特点。

2. 试论对判处死刑立即执行案件的复核及其程序。

案例分析题

1. 被告人洪某，男，51岁；被告人陈某，男，46岁。上述两被告人因大量虚开增值税专用发票骗取国家巨额税款而被提起公诉。某中级人民法院经过开庭审理，判处被告人洪某死刑，判处陈某无期徒刑。一审宣判后，两被告人没有上诉，人民检察院也没有抗诉。根据案件案情，请回答下列问题：

（1）本案应当由哪个人民法院核准洪某的死刑，应当遵从怎样的程序？

（2）人民法院在复核洪某死刑时，如果发现对陈某的判决有错误时，应当如何处理？

（3）核准死刑的人民法院在对洪某的死刑复核后，应当如何处理？

2. 某市中级人民法院第一审以强奸罪判处被告人梁某死刑，以受贿罪判处被告人梁某死刑，合并执行死刑；以强奸罪判处同案被告人马某死刑缓期2年执行。第一审宣判后，被告人梁某和马某都没有上诉，人民检察院也没有提起抗诉。问：对于本案，死刑复核程序应如何进行？

第二十三章　审判监督程序

基础知识图解

审判监督程序
- 概念：人民法院、人民检察院对已经发生法律效力的判决和裁定，发现在认定事实或适用法律上确有错误，依法提起并对案件进行重新审判的一项特别审判程序
- 提起
  - 主体：各级法院院长和审委会；最高人民法院和上级法院；最高人民检察院和上级检察院
  - 理由
    - 认定事实错误
    - 适用法律错误
  - 方式
    - 指令再审
    - 决定再审
- 重新审理
  - 审理程序：应另组成合议庭
  - 审理期限：一般为3个月，特殊可以延长至6个月
  - 审判后的处理
    - 驳回申诉或抗诉
    - 直接改判
    - 撤销原判，重新定罪量刑
    - 宣告被告人无罪

配套测试

单项选择题

1. 某中级人民法院对尚某抢劫一案按照审判监督程序重新审理后，发现原一审生效判决认定事实正确，但适用法律不当，应作何种处理？（　　）

A. 应当发回原审法院重新审判　　B. 可以发回原审法院重新审判

C. 应当维持原判　　D. 应当直接改判

2. 甲市中级人民法院按审判监督程序重新审判的案件，根据《刑事诉讼法》的有关规定应当（　　）。

A. 在作出提审、再审决定之日起1个月以内审结

B. 在作出提审、再审决定之日起1个半月以内审结

C. 在作出提审、再审决定之日起2个月以内审结

D. 在作出提审、再审决定之日起3个月以内审结

3. 关于审判监督程序中的申诉，下列哪一选项是正确的？（　　）

A. 二审法院裁定准许撤回上诉的案件，申诉人对一审判决提出的申诉，应由一审法院审理

B. 上一级法院对未经终审法院审理的申诉，应直接审理

C. 对经两级法院依照审判监督程序复查均驳回的申诉，法院不再受理

D. 对死刑案件的申诉，可由原核准的法院审查，也可交由原审法院审查

4. 马某因强奸罪被某县人民法院判处有期徒刑 8 年。判决生效后，马某的哥哥认为判决有错误，提出申诉。根据刑事诉讼法的规定，马某的哥哥（　　）。

A. 不得对已生效判决、裁定提出申诉

B. 可以提出申诉，但是不得停止判决、裁定的执行

C. 只能请求人民检察院抗诉

D. 可以提出申诉，但是不得影响判决、裁定的执行

5. 人民法院按照审判监督程序重新审判的案件，应当从何时起 3 个月以内审结？（　　）

A. 受理申诉时　　　　　　　　　　B. 作出提审、再审决定时

C. 开庭审判时　　　　　　　　　　D. 送达提审、再审决定时

6. 吕某因挪用公款罪被人民法院判处有期徒刑 5 年，吕某上诉，二审法院维持原判。在服刑期间，吕某又发现了新的证据，遂决定进行申诉。下列有关申诉的表述中错误的是（　　）。

A. 申诉的期限一般为刑罚执行完毕两年内，超出两年的，如果符合法律规定的一些情形，人民法院也应当受理

B. 申诉人向人民法院申诉应当提交的材料包括：申诉状、原一、二审判决书、裁决书等法律文书，以有新的证据证明原裁判认定的事实确有错误为由申诉的，应当同时附有证据目录、证人名单和主要证据的复印件或者照片

C. 人民法院对于不符合法定主体资格的申诉，不予受理；上级人民法院对经终审法院的上一级法院依照审判监督程序审理后维持原判或者经两级人民法院依照审判监督程序复查均驳回的申诉案件，一般不予受理

D. 申诉人提出申诉，既可以向人民法院提出，也可以向人民检察院以及公安机关提出

7. 下列对人民法院决定再审或受理抗诉书后的有关后果陈述错误的是（　　）。

A. 人民法院决定再审或受理抗诉书后，原审被告人（原审上诉人）正在服刑的，人民法院依据再审决定书或者抗诉书及提押票等文书办理提审

B. 原审被告人（原审上诉人）在押，再审可能改判宣告无罪的，人民法院裁定中止执行原裁决后，可以取保候审

C. 原审被告人（原审上诉人）在押，再审可能改判宣告无罪的，人民法院裁定中止执行原裁决后，可以逮捕

D. 原审被告人（原审上诉人）不在押，确有必要采取强制措施并符合法律规定采取强制措施条件的，人民法院裁定中止执行原裁决后，依法采取强制措施

8. 甲因犯抢劫罪被市检察院提起公诉，经一审法院审理，判处死刑缓期二年执行。甲上诉，省高级人民法院核准死缓判决。根据审判监督程序规定，下列哪一做法是错误的？（　　）

A. 最高人民法院自行对该案重新审理，依法改判

B. 最高人民法院指令省高级人民法院再审

C. 最高人民检察院对该案向最高人民法院提出抗诉

D. 省人民检察院对该案向省高级人民法院提出抗诉

9. 关于审判监督程序，下列哪一选项是正确的？（　　）

A. 对于原判决事实不清楚或者证据不足的，应当指令下级法院再审

B. 上级法院指令下级法院再审的，应当指令原审法院以外的下级法院审理；由原审法院审理更为适宜的，也可以指令原审法院审理

C. 不论是否属于由检察院提起抗诉的再审案件，逮捕由检察院决定

D. 法院按照审判监督程序审判的案件，应当决定中止原判决、裁定的执行

多项选择题

1. 根据《刑事诉讼法》的规定，关于审判监督程序，选项正确的是（　　）。
A. 依照审判监督程序提审的案件，应当按照第一审程序进行审判
B. 人民法院按照审判监督程序重新审判的案件，应当另行组成合议庭进行
C. 依照审判监督程序审判案件应受"不得加重被告人的刑罚"的限制
D. 参与过本案第一审、第二审、复核程序审判的合议庭组成人员，不得参与本案的再审程序的审判

2. 关于审判监督程序，下列哪些选项是正确的？（　　）
A. 只有当事人及其法定代理人、近亲属才能对已经发生法律效力的裁判提出申诉
B. 原审法院依照审判监督程序重新审判的案件，应当另行组成合议庭
C. 对于依照审判监督程序重新审判后可能改判无罪的案件，可中止原判决、裁定的执行
D. 上级法院指令下级法院再审的，一般应当指令原审法院以外的下级法院审理

3. 根据《刑事诉讼法》的规定，依照审判监督程序对案件重新审判的法院可以是（　　）。
A. 作出生效裁判的第一审人民法院
B. 作出生效裁判的第二审人民法院
C. 提审的上级人民法院
D. 被指令再审的下级人民法院

4. 根据《刑事诉讼法》的规定，关于审判监督程序，选项正确的是（　　）。
A. 按照审判监督程序提审的案件，应当按照第一审程序进行审判
B. 上级检察院对下级法院生效的判决如果发现确有错误，有权按照审判监督程序向同级法院提出抗诉
C. 最高人民检察院对最高人民法院生效的判决，无权按照审判监督程序向最高人民法院提出抗诉
D. 按照审判监督程序提审的案件，应当按照第二审程序进行审判

5.《最高人民法院关于适用〈中华人民共和国刑事诉讼法〉的解释》规定，除检察院抗诉的以外，再审一般不得加重原审被告人的刑罚。关于这一规定的理解，下列哪些选项是正确的？（　　）
A. 体现了刑事诉讼惩罚犯罪和保障人权基本理念的平衡
B. 体现了刑事诉讼具有追求实体真实与维护正当程序两方面的目的
C. 再审不加刑有例外，上诉不加刑也有例外
D. 审判监督程序的纠错功能决定了再审不加刑存在例外情形

6. 人民法院按照审判监督程序重新审判的案件，从适用的审判程序来看（　　）。
A. 如果是上级人民法院提审的案件，应当依照第二审程序进行审判
B. 如果原来是第一审案件，应当依照第一审程序进行审判
C. 如果原来是第二审案件，应当依照第二审程序进行审判
D. 一律由上级人民法院依照第二审程序进行审判

7. 下列哪些情况可以导致审判监督程序的提起？（　　）
A. 证明案件事实的主要依据之间存在矛盾
B. 适用缓刑错误
C. 违反回避制度

D. 审判人员在审判该案时存在徇私舞弊、枉法裁判的行为

8. 王某因间谍罪被甲省乙市中级人民法院一审判处死刑，缓期 2 年执行。王某没有上诉，检察院没有抗诉。判决生效后，发现有新的证据证明原判决认定的事实确有错误。下列哪些机关有权对本案提起审判监督程序？（　　）

A. 乙市中级人民法院　　　　　　B. 甲省高级人民法院
C. 甲省人民检察院　　　　　　　D. 最高人民检察院

名词解释

1. 审判监督程序
2. 申诉
3. 非常上诉
4. 指令再审

简答题

1. 死刑复核程序与再审程序有何区别？
2. 简述申诉引起审判监督程序的法定情形。

论述题

1. 试论述审判监督程序与第二审程序的区别与联系。
2. 试论刑事审判监督程序与其他审判程序相比的特点。
3. 试述我国刑事诉讼中两种抗诉的相同点和不同点。

案例分析题

1. 韩某因涉嫌谋杀妻子被县人民法院一审判处有期徒刑 15 年。韩某上诉、人民检察院抗诉后，市中级人民法院终审判处韩某无期徒刑。韩父以韩某没有杀人为由向市中级人民法院提出申诉，市中级人民法院 1 年多未予答复。韩父只得向省人民检察院提出申诉。其时，杀害韩某妻子的真凶已被公安机关抓获。省人民检察院认为原判决确有错误，遂按审判监督程序向市中级人民法院提起抗诉。市中级人民法院接到抗诉后制作了再审决定书，并在接受抗诉之日起将近 3 个月的时候决定指令下级人民法院再审。

问：本案中审判监督程序有何错误？

2. 袁某因涉嫌故意伤害罪而被人民检察院提起公诉，经过县人民法院的一审审理，判处袁某有期徒刑 8 年。袁某对此判决不服，于是向市中级人民法院提出上诉，经过市中级人民法院的二审审理，裁定维持原判。在袁某刑期执行到第 5 年的时候，袁某从新进的牢友身上发现证明其无罪的新证据，于是向人民法院提起申诉。

问题：

（1）袁某向人民法院提出申诉需要提交哪些材料？
（2）如果袁某向人民检察院提出申诉的话，那么人民检察院应当如何处理？

第二十四章 执 行

基础知识图解

执行
- 特征：稳定性、排他性、强制性
- 依据：发生法律效力的判决和裁定
- 执行机关及其权限
  - 人民法院：死刑立即执行、罚金、没收财产、无罪判决、免除刑罚判决
  - 公安机关：剥夺政治权利、拘役
  - 看守所：剩余刑期在3个月以下的有期徒刑
  - 社区矫正机构：判处管制、宣告缓刑、假释、暂予监外执行
  - 监狱：死刑缓期2年执行、无期徒刑、有期徒刑

配套测试

单项选择题

1. 人民法院在必要时可以会同公安机关执行的判决是（   ）。
A. 没收财产判决　　B. 罚金判决　　C. 管制判决　　D. 剥夺政治权利判决

2. 根据《刑事诉讼法》的规定，对缓刑的执行由（   ）。
A. 社区矫正机构负责　　　　　　B. 公安机关或人民法院负责
C. 基层组织或所在单位负责　　　D. 原判人民法院负责

3. 甲被判处死刑缓期2年执行。死刑缓期执行期满，对甲应当予以减刑的情形是（   ）。
A. 甲没有故意犯罪　　　　　　　B. 甲没有过失犯罪
C. 甲确有悔改表现　　　　　　　D. 甲确有立功表现

4. 某人民法院在准备将故意杀人犯甲交付执行死刑时，发现甲怀孕，交付执行的人民法院（   ）。
A. 应当撤销判处死刑的判决
B. 应待分娩后再择日执行死刑
C. 应当立即进行改判
D. 应当停止执行死刑并且上报核准死刑的高级人民法院

5. 甲被A省某市中级人民法院一审判处死刑，一审判决后甲不上诉。A省高级人民法院依法核准后由院长签发了执行死刑的命令。某市中级人民法院应将甲（   ）。
A. 在接到执行死刑命令后的7日内交付执行
B. 在接到执行死刑命令后的10日内交付执行
C. 在接到执行死刑命令后的3日内交付执行
D. 在接到执行死刑命令后的5日内交付执行

6. 关于生效裁判执行，下列哪一做法是正确的？（　　）

A. 甲被判处管制1年，由公安机关执行

B. 乙被判处有期徒刑1年宣告缓刑2年，由社区矫正机构执行

C. 丙被判处有期徒刑1年6个月，在被交付执行前，剩余刑期5个月，由看守所代为执行

D. 丁被判处10年有期徒刑并处没收财产，没收财产部分由公安机关执行

7. 按法律规定，上一级人民法院对上诉、抗诉案件审理后所作出的判决、裁定，是终审的判决和裁定，（　　）。

A. 一律立即发生法律效力

B. 不能立即生效

C. 除死刑和死缓案件外立即发生法律效力

D. 应当立即生效

8. 某被告人的行为已构成犯罪，第一审人民法院在审理过程中考虑到他有自首和立功的情节，判决免除刑事处罚。因为该被告在押，法庭宣判后，应如何处理？（　　）

A. 可以立即将其释放　　　　　　B. 不能立即释放

C. 应当立即释放　　　　　　　　D. 过上诉、抗诉期后才能释放

9. 罪犯在死刑缓期执行期间，如果确有悔改或者立功表现应当依法予以减刑的，由执行机关提出书面意见，报请（　　）裁定。

A. 最高人民法院　　　　　　　　B. 当地高级人民法院

C. 当地中级人民法院　　　　　　D. 最高人民检察院

10. 陈某因故意伤害罪被判有期徒刑10年，服刑期间因患恶性传染病，须保外就医，应当由（　　）开具证明文件。

A. 省级人民政府指定的医院　　　B. 省级人民法院指定的医院

C. 县级以上人民法院指定的医院　D. 县级以上人民政府指定的医院

11. 罪犯在服刑期间又犯罪的，或者发现判决时所没有发现的罪行，执行机关应移送（　　）。

A. 人民法院处理　　　　　　　　B. 公安机关处理

C. 人民检察院处理　　　　　　　D. 司法行政机关处理

12. 监狱和其他执行机关在刑罚执行中，如果认为判决有错误或者罪犯提出申诉，应当（　　）。

A. 转请公安机关处理　　　　　　B. 转请人民法院处理

C. 转请人民检察院或原判人民法院处理　　D. 自行处理

13. 判处有期徒刑、拘役的罪犯，执行期满，发给释放证明书的机关是（　　）。

A. 公安机关　　　　　　　　　　B. 原公诉机关

C. 原审人民法院　　　　　　　　D. 执行机关

14. 对罪犯决定监外执行后，有权执行这一决定的机关是（　　）。

A. 人民法院　　　　　　　　　　B. 公安机关

C. 人民检察院　　　　　　　　　D. 罪犯原所在的单位或居民委员会

15. 关于减刑、假释案件审理程序，下列哪一选项是正确的？（　　）

A. 甲因抢劫罪和绑架罪被法院决定执行有期徒刑20年，对甲的减刑，应由其服刑地高级人民法院作出裁定

B. 乙因检举他人重大犯罪活动被报请减刑的，法院应通知乙参加减刑庭审

C. 丙因受贿罪被判处有期徒刑5年，对丙的假释，可书面审理，但必须提讯丙

D. 丁因强奸罪被判处无期徒刑，对丁的减刑，可聘请律师到庭发表意见

16. 关于刑事裁判涉财产部分执行，下列哪一说法是正确的？（　　）

A. 对侦查机关查封、冻结、扣押的财产，法院执行时可直接裁定处置，无须侦查机关出具解除手续

B. 法院续行查封、冻结、扣押的顺位无须与侦查机关的顺位相同

C. 刑事裁判涉财产部分的裁判内容应明确具体，涉案财产和被害人均应在判决书主文中详细列明

D. 刑事裁判涉财产部分，应由与一审法院同级的财产所在地的法院执行

17. 甲纠集他人多次在市中心寻衅滋事，造成路人乙轻伤、丙的临街商铺严重受损。甲被起诉到法院后，乙和丙提起附带民事诉讼。法院判处甲有期徒刑 6 年，罚金 1 万元，赔偿乙医疗费 1 万元，赔偿丙财产损失 4 万元。判决生效交付执行后，查明甲除 1 辆汽车外无其他财产，且甲曾以该汽车抵押获取小额贷款，尚欠银行贷款 2.5 万元，银行主张优先受偿。法院以 8 万元的价格拍卖了甲的汽车。关于此 8 万元的执行顺序，下列哪一选项是正确的？（　　）

A. 医疗费→银行贷款→财产损失→罚金　　B. 医疗费→财产损失→银行贷款→罚金

C. 银行贷款→医疗费→财产损失→罚金　　D. 医疗费→财产损失→罚金→银行贷款

18. 张某居住于甲市 A 区，曾任甲市 B 区某局局长，因受贿罪被 B 区法院判处有期徒刑 5 年，执行期间突发严重疾病而被决定暂予监外执行。张某在监外执行期间违反规定，被决定收监执行。关于本案，下列哪一选项是正确的？（　　）

A. 暂予监外执行由 A 区人民法院决定

B. 暂予监外执行由 B 区人民法院决定

C. 暂予监外执行期间由 A 区司法行政机关实行社区矫正

D. 收监执行由 B 区人民法院决定

多项选择题

1. 公安机关、人民检察院和人民法院对扣押、冻结在案的财物，根据不同情况，应采取哪些处理措施？（　　）

A. 保管　　　　　B. 返还　　　　　C. 移送　　　　　D. 没收、上缴

2. 下列选项中正确的有（　　）。

A. 最高人民法院核准的法定刑以下处刑的判决和裁定以及最高人民法院核准的因特殊情况，不受执行刑期限制的假释的裁定属于尚未生效的判决和裁定

B. 对于暂予监外执行的罪犯，基层组织或者罪犯的原所在单位协助进行监督

C. 判决和裁定在发生法律效力后执行

D. 对于被判处徒刑缓刑的罪犯，由公安机关交所在单位或者基层组织予以考察

3. 刑事诉讼中发生法律效力的判决和裁定是指（　　）。

A. 最高人民法院核准的死刑判决和授权高级人民法院核准的死刑判决

B. 高级人民法院核准的死刑缓期 2 年执行的判决

C. 已过法定期限没有上诉、抗诉的判决和裁定

D. 终审的判决和裁定

4. 下列关于执行死刑的选项错误的有（　　）。

A. 执行死刑前，罪犯提出会见其近亲属或者其近亲属提出会见罪犯申请的，人民法院不应准许

B. 执行死刑禁止有辱罪犯人格的行为但可以将罪犯游街示众

C. 应当由最高人民法院院长签发执行死刑的命令

D. 执行死刑前，指挥执行的审判人员对罪犯应当验明正身

5. 人民法院将被判处有期徒刑的罪犯交付执行刑罚的时候，应当将有关的法律文书送达监狱。这些法律文书是指（　　）。

A. 人民法院的执行通知书和结案登记表等
B. 公安机关的拘留证、逮捕证等
C. 人民法院的判决书、裁定书
D. 人民检察院的起诉书副本、自诉状复印件

6. 关于有期徒刑缓刑、拘役缓刑的执行，下列哪些选项是正确的？（　　）

A. 对宣告缓刑的罪犯，法院应当核实其居住地
B. 法院应当向罪犯及原所在单位或居住地群众宣布犯罪事实、期限及应遵守的规定
C. 罪犯在缓刑考验期内犯新罪应当撤销缓刑的，由原审法院作出裁定
D. 法院撤销缓刑的裁定，一经作出立即生效

7. 对于罚金判决的执行，下列选项中正确的是（　　）。

A. 如果由于遭遇不能抗拒的灾祸以致缴纳罚金确实有困难的，犯罪分子可以向人民法院申请减少或者免除罚金。人民法院查证属实后，可以裁定对原判决确定的罚金数额予以减少或者免除
B. 行政机关对被告人就同一事实已经处以罚款的，人民法院判处罚金时不得予以折抵
C. 罚金应当在判决规定的期限内一次或者分期缴纳，期满无故不缴纳的，人民法院应当强制缴纳
D. 经强制缴纳仍不能全部缴纳的，人民法院在任何时候，包括在判处的主刑执行完毕后，发现被执行人有可以执行的财产的，应当追缴

8. 对于没收财产判决的执行，下列选项中正确的是（　　）。

A. 需要退赔的财产，应当由执行的人民法院移交委托人民法院依法退赔
B. 对于没收财产的判决，在必要的时候，人民法院可以会同公安机关执行
C. 对判处财产刑的犯罪分子，在本地无财产可供执行，原判人民法院可以委托其财产所在地人民法院代为执行
D. 代为执行的人民法院执行后或者无法执行的，应当将有关情况及时通知委托的人民法院。代为执行的人民法院可以将执行财产刑的财产直接上缴国库

9. 下列选项中错误的有（　　）。

A. 执行死刑后，交付执行的人民法院应当通知罪犯家属
B. 人民检察院认为人民法院减刑、假释的裁定不当，应当在收到裁定书副本后20日以内，向人民法院提出抗诉
C. 被判处死刑缓期2年执行的罪犯，在死刑缓期执行期间，如果抗拒改造情节恶劣，查证属实，应当执行死刑
D. 对未成年犯应当在少管所执行刑罚

10. 贾某在死刑缓期执行期间，将同监服刑的郑某打成残废。下列选项中正确的有（　　）。

A. 对于贾某所犯新罪，应当由监狱侦查终结后移送人民检察院提起公诉
B. 对于贾某所犯新罪，由贾某服刑地的中级人民法院依法审判，所作的判决可以上诉、抗诉
C. 认定贾某构成故意犯罪的判决、裁定发生法律效力后，由作出生效判决、裁定的人民法院，依照死刑复核程序报请高级人民法院或最高人民法院核准
D. 高级人民法院核准后，交原审人民法院执行死刑

11. 对于减刑、假释的程序，下列选项中正确的有（　　）。
   A. 对于被判处拘役或管制的罪犯的减刑，由罪犯服刑地的基层人民法院根据当地同级执行机关提出的减刑建议书裁定
   B. 对于被判处拘役或管制的罪犯的减刑，由罪犯服刑地的中级人民法院根据当地同级执行机关提出的减刑建议书裁定
   C. 对于判处无期徒刑的罪犯的减刑、假释，由罪犯服刑地的高级人民法院根据省、自治区、直辖市监狱管理机关审核同意的监狱减刑、假释建议书裁定
   D. 对于被判处有期徒刑的罪犯减刑、假释，由罪犯服刑地的中级人民法院根据当地执行机关提出的减刑、假释建议书裁定

12. 下级人民法院接到最高人民法院执行死刑的命令后，应当在7日以内交付执行。但是发现有下列哪些情形之一的，应当停止执行，并且立即报告最高人民法院，由最高人民法院作出裁定？（　　）
   A. 罪犯是正在哺乳自己未满周岁婴儿的妇女
   B. 在执行前发现判决可能有错误的
   C. 在执行前罪犯揭发了一起查证核实的重大贩毒案
   D. 罪犯正在怀孕的

13. 对于被判处（　　）的罪犯，可以暂予监外执行的条件是：有严重疾病需保外就医、怀孕或者正在哺乳自己婴儿的妇女。
   A. 拘役　　　　B. 有期徒刑　　　　C. 无期徒刑　　　　D. 死刑缓期2年执行

14. 对于被判处（　　）的罪犯，由交付执行的人民法院将执行通知书、判决书、罪犯结案登记表送达看守所，由看守所及时将罪犯送往公安机关和监狱部门商定的劳动改造场所执行。
   A. 死刑缓期二年执行　B. 无期徒刑　　　　C. 有期徒刑　　　　D. 拘役

15. 对于暂予监外执行的罪犯，依法协助公安机关进行监督的单位或组织有（　　）。
   A. 罪犯原居住地的公安派出所、公安特派员
   B. 罪犯服刑地的公安派出所、公安特派员
   C. 罪犯原所在的单位
   D. 基层组织

16. 甲因为抢劫罪被判12年有期徒刑，服刑4年后因为确有悔改表现被决定减刑。关于减刑下列说法正确的是（　　）。
   A. 人民陪审员可以参与案件的审理
   B. 对甲可以书面审理
   C. 庭审中可以要求证人出庭就甲具有悔罪表现作证
   D. 应当通知甲的辩护人出庭

不定项选择题

1. 齐某在抢劫时被蔡某等人当场抓获。公安机关讯问时，齐某对抢劫行为供认不讳，并指认参与抓获他的蔡某曾强奸过妇女。对齐某的抢劫案经一审判决后，检察院以量刑过轻为由提出了抗诉。在二审过程中，齐某又供认曾有盗窃行为。二审法院调查后证实齐某供认的盗窃属实，并构成盗窃罪。二审法院据此直接判处齐某抢劫罪和盗窃罪两罪并罚。因齐某的指认，公安机关对蔡某强奸案进行侦查。受害妇女艾某证实曾遭强奸，所描述的作案人体貌特征与蔡某相似，但因事隔一年，经辨认却又不能肯定是蔡某。讯问蔡某时，蔡某不承认。后因侦查人员逼供，蔡某被迫承认，但所供述的内容与艾某所述作案过程在细节上多有不符。

本案虽无其他证据，但检察院仍决定提起公诉。法院审理期间，正在外地服刑的齐某承认，强奸艾某的是他自己。齐某所交代的强奸犯罪过程与艾某所述细节相符，经查证，齐某的这一供述属实，因此法院判决蔡某无罪。根据以上事例，请回答（1）~（4）题中所列的问题。

（1）根据本案事实，齐某除犯抢劫罪和盗窃罪，还犯什么罪？（　　）
A. 伪证罪　　　　B. 报复陷害罪　　　C. 诬告陷害罪　　　D. 强奸罪

（2）二审法院在齐某交代另有盗窃行为并事属可能时应如何处理？（　　）
A. 可以对该行为进行调查，并在查证属实后在二审判决中对此予以判决
B. 应当将案件移交同级检察院补充侦查
C. 应当将案件移交一审中提起公诉的检察院补充侦查
D. 应当将本案发回原审法院重新审判

（3）根据本事例的叙述，在检察机关决定对蔡某强奸案提起公诉时，本案有哪些证据材料？（　　）
A. 只有被告人口供和被害人陈述　　　　B. 只有证人证言
C. 具有 A、B 所列证据材料　　　　　　D. 并无任何证据材料

（4）由于齐某指认蔡某强奸妇女，致使蔡某错被刑事追诉，有关部门认为，齐某的行为已构成犯罪。对齐某的该犯罪行为应当如何处理？（　　）
A. 由二审法院提起审判监督程序进行再审
B. 由二审法院之同级检察院抗诉，二审法院进行再审
C. 由二审法院之上级检察院抗诉，二审法院进行再审
D. 由关押齐某的监狱移送检察院处理

2. 在一起共同犯罪案件中，主犯王某被判处有期徒刑 15 年，剥夺政治权利 3 年，并处没收个人财产；主犯朱某被判处有期徒刑 10 年，剥夺政治权利 2 年，并处罚金 2 万元；从犯李某被判处有期徒刑 2 个月；从犯周某被判处管制 1 年，剥夺政治权利 1 年。请回答（1）~（2）题中所列的问题。

（1）对周某刑罚的执行机关是（　　）。
A. 人民法院　　　B. 公安机关　　　C. 监狱　　　D. 社区矫正机构

（2）所判刑罚既需要法院执行，又需要公安机关执行的罪犯是（　　）。
A. 王某　　　　　B. 周某　　　　　C. 李某　　　D. 朱某

3. 李某被依法判处死刑缓期 2 年执行；王某被依法判处无期徒刑；徐某被依法判处有期徒刑 13 年；16 岁的刘某被依法判处有期徒刑 7 年；樊某被判处有期徒刑半年（已羁押 5 个月）；胡某被判处拘役 6 个月。

（1）以上判决生效后各自的执行机关应当是（　　）。
A. 李某、王某和徐某应当由监狱执行
B. 刘某应当由未成年犯管教所执行
C. 樊某应当由公安机关的看守所代为执行
D. 胡某应当由公安机关交拘役所执行

（2）执行中，如果刘某符合法律规定的减刑条件，下列选项中正确的有（　　）。
A. 中级人民法院应当自收到减刑建议书之日起 1 个月内依法裁定
B. 减刑的裁定，应当及时送达执行机关、同级人民检察院、负责监督假释罪犯的公安机关以及罪犯本人
C. 对刘某的减刑，由刘某服刑地的中级人民法院根据未成年犯管教所提出的减刑建议书裁定
D. 中级人民法院审理减刑案件，应当依法组成合议庭进行

4. 被告人王某故意杀人案经某市中级人民法院审理，认为案件事实清楚，证据确实、充分。请根据下列条件，回答（1）~（2）题。

（1）如王某被判处无期徒刑，附加剥夺政治权利，下列选项中正确的是（　　）。

A. 无期徒刑的执行机关是监狱

B. 剥夺政治权利的执行机关是公安机关

C. 对王某应当剥夺政治权利终身

D. 如王某减刑为有期徒刑，剥夺政治权利的期限应改为十五年

（2）如王某被并处没收个人财产，关于本案财产刑的执行及赔偿、债务偿还，下列说法正确的是（　　）。

A. 财产刑由公安机关执行

B. 王某应先履行对提起附带民事诉讼的被害人的民事赔偿责任

C. 案外人对执行标的物提出异议的，法院应当裁定中止执行

D. 王某在案发前所负所有债务，经债权人请求先行予以偿还

名词解释

1. 交付执行
2. 执行的变更
3. 保外就医
4. 减刑
5. 死刑停止执行

简答题

1. 简述对一审法院宣告无罪、免除刑事处罚判决的执行。
2. 简述死刑停止执行的法定情形。
3. 简述暂予监外执行的适用条件。
4. 简述对服刑罪犯在服刑期间犯新罪或漏罪的处理程序。
5. 简述假释适用的对象和条件。

论述题

1. 试述刑事诉讼执行的特点。
2. 试论人民检察院对执行活动的监督。

案例分析题

1. 甲、乙和丙因犯绑架罪，丁因窝藏罪被人民法院依法判刑。甲被判处死刑立即执行，乙被判处无期徒刑，丙被判处有期徒刑10年，丁被判处有期徒刑1年，缓刑2年。判决生效后，下级人民法院在接到对甲执行死刑的命令后，发现裁判可能有错误，遂停止执行，并立即报请核准死刑的人民法院裁定。核准死刑的人民法院作出死刑裁判没有错误的裁定后，下级人民法院立即对甲执行了死刑。某监狱在对乙、丙的执行过程中，因乙患有严重疾病而将其保外就医，对丙则在其服刑满4年后向某法院提出了假释建议。丁在缓刑考验期间，因违反有关缓刑的监督管理规定，负责执行的公安机关向原作出缓刑裁判的人民法院提出了撤销丁缓刑的建议书。该法院认为丁在缓刑考验期间并未犯罪，未接受公安机关的建议。

问：本案对 4 名罪犯的执行存在哪些错误？

2. 市中级人民法院对武某、康某、尹某、杜某 4 人虚开增值税专用发票一案作出判决，武某被判处死刑，并处没收财产；康某被判处无期徒刑，并处罚金 15 万元；尹某被判处有期徒刑 3 年、缓刑 4 年，并处罚金 10 万元；杜某被判决免除刑事处罚。一审宣判后，人民法院立即对武某、康某、尹某三名被告人判处的罚金予以执行。武某、康某提出上诉。省高级人民法院经过第二审程序审理后，裁定驳回上诉，维持原判。杜某予以释放。省高级人民法院又核准了对武某的死刑判决。原审人民法院接到省高级人民法院院长签发的执行死刑的命令后，发现该死刑判决可能有错误，于是停止执行。经过有关法院依法审查，发现该判决并无错误后，原审人民法院立即对武某执行了死刑。康某在执行期间，由于有严重疾病且生活不能自理，考虑到其身体原因不致再危害社会，有关机关批准对康某暂予监外执行。尹某在缓刑考验期限内，由于提供了重要线索，从而阻止了一件重大恶性犯罪的发生，因而被认定为有重大立功表现，需要予以减刑，县人民法院在收到减刑建议书后 3 个月，由审判员俞某裁定对尹某减刑。

问：本案中有哪些地方违反了刑事诉讼程序的规定？

3. 王某于 2020 年因犯绑架罪，被判有期徒刑 15 年，由甲地人民法院判决后送至甲地监狱服刑，进行劳动改造，服刑期间，因表现良好，被监狱决定减刑 1 年，实际还需执行 9 年。中级人民法院接到举报后，要求甲地监狱撤销该减刑决定，甲地监狱迫于无奈，取消了该决定。王某于 2024 年越狱逃走，流窜至乙地并作案多起，后被乙地公安机关抓获，并通知了甲地监狱。甲地监狱认为，王某是该执行机关的逃犯，因而对其所犯新罪的处理理应由甲地监狱侦查后，报原审判机关审理。

问：（1）本案中，中级人民法院的做法是否正确？为什么？

（2）对于王某在逃跑途中所犯的新罪应由哪个机关来处理？甲地监狱对哪些案件享有侦查权？

4. 某市人民法院在审理雷某、朱某、卫某共同抢劫和章某窝藏一案时，依法作出如下判决：雷某系抢劫主犯，判处有期徒刑 15 年，剥夺政治权利 3 年，并处没收个人全部财产；朱某亦为抢劫主犯，判处有期徒刑 10 年，剥夺政治权利 2 年，并处罚金 2 万元；卫某系抢劫从犯，罪行较轻，且能够主动投案自首，故判处有期徒刑 1 年，剥夺政治权利 1 年，章某明知雷某犯有抢劫罪，却为其提供隐匿处所，判处管制 1 年，剥夺政治权利 1 年。

问：雷某、朱某、卫某和章某所判各种刑罚应当如何执行？执行机关分别是谁？

第二十五章 特别程序

基础知识图解

- 特别程序
  - 未成年人案件诉讼程序
    - 概述
      - 未成年人犯罪的概念和特点
      - 未成年人案件诉讼程序设立的必要性及法律依据
    - 方针和特有原则
      - 教育、感化、挽救方针
      - 分案处理原则
      - 充分保障未成年犯罪嫌疑人、被告人诉讼权利原则
      - 审理不公开原则
      - 全面调查原则
      - 迅速简易原则
    - 诉讼程序：立案、侦查、起诉、审判、执行
  - 当事人和解的公诉案件诉讼程序
    - 概述
      - 当事人和解的公诉案件诉讼程序的概念与意义
      - 当事人和解的公诉案件诉讼程序创建的背景
      - 当事人和解程序与相关概念的区别
        - 当事人和解与调解
        - 当事人和解与"私了"
        - 当事人和解与辩诉交易
        - 当事人和解与恢复性司法
    - 适用范围与诉讼程序
      - 适用范围
      - 诉讼程序
  - 缺席审判程序
    - 特点
      - 案件范围特定化
      - 适用条件严格化
      - 权利保障规范化
      - 诉讼程序特殊化
    - 适用范围
      - 贪污贿赂犯罪
      - 危害国家安全犯罪
      - 恐怖活动犯罪
    - 缺席审判的类型
      - 被追诉人潜逃境外的缺席审判
      - 被告人患严重疾病的缺席审判
      - 审理中被告人死亡的缺席审判
      - 再审案件的缺席审判

```
                          ┌ 概述 ┬ 背景
                          │      └ 概念、特点
                          │
                          │        ┌ 适用的案件范围
                          │        │ 被追诉人不能到案
                          │ 适用条件┤
            ┌ 犯罪嫌疑人、被告人逃匿、│ 有追缴财产的需要
            │ 死亡案件违法所得的没收程序 └ 程序启动要件
            │             │
            │             │        ┌ 没收案件的审判管辖
            │             │        │ 没收案件的公告程序
            │             │        │ 利害关系人的参与原则
            │             └ 违法所得案件的审理┤ 没收案件的审理方式
   特       │                      │ 没收案件的审理结果
   别       │                      │ 对裁决结果的上诉、抗诉
   程       │                      │ 没收案件的终止审理
   序       │                      └ 没收案件的国家赔偿
            │
            │             ┌ 概述
            │             │                ┌ 前提条件
            │             │ 强制医疗的适用范围┤ 医学条件
            │             │                └ 社会危害性条件
            │             │
            └ 依法不负刑事责任的│         ┌ 强制医疗程序的启动
              精神病人的强制医疗程序├ 强制医疗程序┤ 有权采取强制医疗措施的决定机关
                          │         └ 强制医疗案件的审理
                          │
                          │                  ┌ 定期复查制度
                          │                  │ 解除强制医疗的决定机构
                          └ 强制医疗的复查和监督┤ 申请解除强制医疗权
                                             └ 检察机关对强制医疗的监督
```

配套测试

☑ 单项选择题

1. 关于附条件不起诉，下列哪一说法是错误的？（   ）

A. 只适用于未成年人案件

B. 应当征得公安机关、被害人的同意

C. 未成年犯罪嫌疑人及其法定代理人对附条件不起诉有异议的应当起诉

D. 有悔罪表现时，才可以附条件不起诉

2. 下列哪一案件可以适用当事人和解的公诉案件诉讼程序？（   ）

A. 甲因侵占罪被免除处罚 2 年后，又涉嫌故意伤害致人轻伤

B. 乙涉嫌寻衅滋事，在押期间由其父亲代为和解，被害人表示同意
C. 丙涉嫌过失致人重伤，被害人系限制行为能力人，被害人父亲愿意代为和解
D. 丁涉嫌破坏计算机信息系统，被害人表示愿意和解

3. 陈某（16岁）对张某（17岁）实施了故意伤害的犯罪行为，吴某（15岁）作为证人参与了该伤害案件的诉讼程序，针对此案下列哪些说法是正确的？（　　）
A. 讯问陈某时，可以通知其法定代理人到场
B. 讯问陈某时，应当通知其法定代理人到场
C. 询问张某时，可以通知其法定代理人到场
D. 询问吴某时，可以通知其法定代理人到场

4. 甲因邻里纠纷失手致乙死亡，甲被批准逮捕。案件起诉后，双方拟通过协商达成和解。对于此案的和解，下列哪一选项是正确的？（　　）
A. 由于甲在押，其近亲属可自行与被害方进行和解
B. 由于乙已经死亡，可由其近亲属代为和解
C. 甲的辩护人和乙近亲属的诉讼代理人可参与和解协商
D. 由于甲在押，和解协议中约定的赔礼道歉可由其近亲属代为履行

5. 下列哪一选项不属于犯罪嫌疑人、被告人逃匿、死亡案件违法所得没收程序中的"违法所得及其他涉案财产"？（　　）
A. 刘某恐怖活动犯罪案件中从其住处搜出的管制刀具
B. 赵某贪污案赃款存入银行所得的利息
C. 王某恐怖活动犯罪案件中制造爆炸装置使用的所在单位的仪器和设备
D. 周某贿赂案受贿所得的古玩

6. 陈某（16岁）因抢夺罪被立案侦查，后来人民检察院对陈某作出了附条件不起诉的决定，对此下列哪项说法是正确的？（　　）
A. 若附条件不起诉考验期满，陈某没有任何违法违规行为，则人民检察院应当撤销案件
B. 若陈某对附条件不起诉的决定有异议，人民检察院应当作出不起诉的决定
C. 陈某如果离开居所，应当报经考察机关批准
D. 在附条件不起诉的考验期内，若陈某过失致人轻伤，人民检察院应当撤销附条件不起诉的决定，提起公诉

7. 某人民法院受理了人民检察院起诉的一起结伙抢劫案，其中被告人陈某17岁，王某21岁，法院经审理后，依法作出判决，下列说法哪项是正确的？（　　）
A. 陈某可以自行委托辩护律师
B. 在审理该案过程中，法院应当对陈某的成长经历、犯罪原因、监护教育等情况进行调查
C. 虽然陈某不满18周岁，鉴于本案社会影响极大，经审判委员会批准，对本案不公开审理
D. 在审理时，检察院可以不派员出庭

8. 未成年人张某涉嫌强奸未成年人赵某（聋哑人）被公安机关立案侦查，下列做法正确的是？（　　）
A. 应该尽量减少询问赵某的次数
B. 询问赵某时，应当请聋哑学校的老师过来翻译
C. 签署认罪认罚具结书时张某父亲因客观原因没有到场签字，法院遂只通知值班律师到场签字
D. 讯问张某时，没有父母或成年亲属在场，不影响供述的效力

9. A市原副市长马某，涉嫌收受贿赂2000余万元。为保证公正审判，上级法院指令与本案无关的B市中级人民法院一审。B市中级人民法院受理此案后，马某突发心脏病不治身亡。关于此

案处理，下列哪一选项是错误的？（　　）

A. 应当由法院作出终止审理的裁定，再由检察院提出没收违法所得的申请

B. 应当由 B 市中级人民法院的同一审判组织对是否没收违法所得继续进行审理

C. 如裁定没收违法所得，而马某妻子不服的，可在 5 日内提出上诉

D. 如裁定没收违法所得，而其他利害关系人不服的，有权上诉

10. 被告人张某是不负刑事责任的精神病人，人民法院经审理认为，张某符合强制医疗的条件，决定对其采取强制医疗。对于人民法院的该决定，下列哪些救济措施是正确的？（　　）

A. 张某不服可以向人民法院申请复议，若意见不被接受，可以向上一级人民法院申请复核

B. 张某可以向上一级人民法院上诉

C. 张某可以请求人民检察院抗诉

D. 张某只能向上一级人民法院申请复议

11. 因为邻里纠纷，杨某将龙某打成轻伤，由于杨某真心悔悟，并积极向龙某赔偿、赔礼道歉，从而获得了龙某的谅解，双方当事人准备和解。对此，下列哪项说法正确？（　　）

A. 若杨某和龙某准备和解，公安机关、检察院、法院可以听取他们和其他有关人员的意见

B. 杨某和龙某在侦查、起诉和审判阶段都可以进行和解

C. 若杨某和龙某在侦查阶段达成和解协议，则公安机关可以撤销案件

D. 若杨某和龙某在审判阶段达成和解协议，人民法院应当依法对被告人从宽处罚

12. 关于强制医疗程序，下列哪项说法是错误的？（　　）

A. 对不负刑事责任的精神病人的强制医疗，由人民法院或者人民检察院决定

B. 对实施暴力行为的精神病人，在人民法院决定强制医疗前，公安机关可以采取临时的保护性约束措施

C. 被强制医疗的人的近亲属有权申请解除强制医疗

D. 人民检察院对强制医疗的决定和执行都可以实行监督

13. 甲在公共场所实施暴力行为，经鉴定为不负刑事责任的精神病人，被县人民法院决定强制医疗。甲父对决定不服向市中级人民法院申请复议，市中级人民法院审理后驳回申请，维持原决定。关于本案处理，下列哪一选项是正确的？（　　）

A. 复议期间可暂缓执行强制医疗决定，但应采取临时的保护性约束措施

B. 应由公安机关将甲送交强制医疗

C. 强制医疗 6 个月后，甲父才能申请解除强制医疗

D. 申请解除强制医疗应向市中级人民法院提出

14. 关于强制医疗程序，下列说法正确的是？（　　）

A. 决定适用强制医疗程序后，法院应当宣读精神病鉴定结果

B. 决定强制医疗前，法院应先判决其不负刑事责任

C. 决定强制医疗后，其身份由被申请人转化为被告人

D. 对于已经提起附带民事诉讼的，宣布决定强制医疗时，应当告知被害人可以另行提起民事赔偿诉讼

15. 幼儿园老师经常用针扎不听话的甲，甲的好朋友乙回家告诉自己的妈妈甲被老师用针扎了，乙的妈妈打电话报了警。下列选项正确的是（　　）。

A. 甲的妈妈可以在审判阶段代甲与扎针的老师和解

B. 乙的妈妈的行为属于报案

C. 乙的妈妈的行为属于举报

D. 如果侦查机关组织辨认不能让未成年人进行辨认

16. A省B县的县委书记甲，被监委会立案调查，后逃跑至国外。案件移送至检察院后，检察院认为犯罪事实已经查清，证据确实、充分，依法应当追究刑事责任，遂向人民法院提起公诉，法院决定按照缺席审判程序审理。下列说法中正确的是？（　　）

A. 法院可以向甲的妻子送达起诉状副本
B. 法院作出缺席判决的同时，可以没收其赃物赃款
C. 庭审最后的被告人陈述，甲的妻子可以代为陈述
D. 最高人民法院可以指定A省其他县级法院审理该案

多项选择题

1. 律师邹某受法律援助机构指派，担任未成年人陈某的辩护人。关于邹某的权利，下列哪些说法是正确的？（　　）

A. 可调查陈某的成长经历、犯罪原因、监护教育等情况，并提交给法院
B. 可反对法院对该案适用简易程序，法院因此只能采用普通程序审理
C. 可在陈某最后陈述后进行补充陈述
D. 可在有罪判决宣告后，受法庭邀请参与对陈某的法庭教育

2. 根据《刑事诉讼法》第277条的规定，对犯罪的未成年人实行教育、感化、挽救方针，坚持教育为主，惩罚为辅，下列表述正确的是？（　　）

A. 以欺骗的方式获取的犯罪供述应当排除
B. 可委托社会组织对未成年人开展社会调查
C. 对未成年被害人的询问应由女性工作人员进行
D. 对证明未成年人构成该罪责任年龄的证据不足的，作有利于未成年人的认定

3. 甲因琐事与乙发生口角进而厮打，推搡之间，不慎致乙死亡。检察院以甲涉嫌过失致人死亡提起公诉，乙母丙向法院提起附带民事诉讼。关于本案处理，下列哪些选项是正确的？（　　）

A. 法院可对附带民事部分进行调解
B. 如甲与丙经法院调解达成协议，调解协议中约定的赔偿损失内容可分期履行
C. 如甲提出申请，法院可组织甲与丙协商以达成和解
D. 如甲与丙达成刑事和解，其约定的赔偿损失内容可分期履行

4. 《全国人大常委会关于〈中华人民共和国刑事诉讼法〉第二百七十一条第二款的解释》规定，检察院办理未成年人刑事案件，在作出附条件不起诉决定以及考验期满作出不起诉决定前，应听取被害人的意见。被害人对检察院作出的附条件不起诉的决定和不起诉的决定，可向上一级检察院申诉，但不能向法院提起自诉。关于这一解释的理解，下列哪些选项是正确的？（　　）

A. 增加了听取被害人陈述意见的机会
B. 有利于对未成年犯罪嫌疑人的转向处置
C. 体现了对未成年犯罪嫌疑人的特殊保护
D. 是刑事公诉独占主义的一种体现

5. 未成年人小天因涉嫌盗窃被检察院适用附条件不起诉。关于附条件不起诉可以附带的条件，下列哪些选项是正确的？（　　）

A. 完成一个疗程四次的心理辅导
B. 每周参加一次公益劳动
C. 每个月向检察官报告日常花销和交友情况
D. 不得离开所居住的县

6. 下列关于未成年人犯罪案件刑事诉讼程序的说法哪些是不正确的？（　　）

A. 讯问女性未成年犯罪嫌疑人，应当有女工作人员在场

B. 讯问未成年犯罪嫌疑人时，其法定代理人必须到场

C. 审判未成年人的刑事案件，其法定代理人可以为未成年被告人进行补充陈述

D. 若审判阶段未成年被告人没有委托辩护人，法院应当为其指定承担法律援助义务的律师提供辩护

7. 关于犯罪记录封存制度，下列说法哪些是错误的？（　　）

A. 犯罪记录封存制度只适用于审判的时候不满 18 周岁的未成年人

B. 犯罪记录封存制度适用于被判处 3 年有期徒刑以下刑罚的未成年人

C. 由于犯罪记录已被封存，除非司法机关为办案需要，否则任何单位都不能查询

D. 任何单位和个人对被封存的犯罪记录的情况应予以保密

8. 关于附条件不起诉，下列哪些表述是正确的？（　　）

A. 附条件不起诉仅适用于未成年人犯罪的案件

B. 适用附条件不起诉的案件原本是符合起诉条件的案件

C. 人民检察院作出附条件不起诉的决定前，应当听取公安机关的意见

D. 人民检察院作出附条件不起诉的决定前，应听取被害人的意见

9. 关于附条件不起诉的考验期，下列哪些说法是正确的？（　　）

A. 附条件不起诉的考验期从附条件不起诉的决定书送达之日起计算

B. 附条件不起诉的考验期从作出附条件不起诉的决定之日起计算

C. 附条件不起诉的考验期为 3 个月以上 6 个月以下

D. 附条件不起诉的考验期为 6 个月以上 1 年以下

10. 在使用特别程序的案件中，下列哪些属于应当组成合议庭进行审理的案件？（　　）

A. 犯罪嫌疑人陈某逃匿案件中违法所得的没收审理程序

B. 精神病人刘某强制医疗案件

C. 未成年人李某的盗窃案件

D. 杨某和张某刑事和解的公诉案件

11. 马某涉嫌故意伤害，审查起诉阶段，检察机关欲作出酌定不起诉，后经鉴定发现马某是精神病人，检察机关申请启动强制医疗程序。下列说法正确的是？（　　）

A. 马某经审查符合强制医疗条件的，应当作出对被申请人强制医疗的决定

B. 如法院审理认为要追究刑事责任，应当转普通程序

C. 法院应当通知被申请人的法定代理人到场

D. 被害人对决定不服可以向上一级法院复议

12. 法院对黄某盗窃罪判处刑罚后下列盗赃应当予以追缴的是（　　）。

A. 价值 100 万元但卖给古玩店 10 万元的古董

B. 价值 1 万元的赠与女友的东西

C. 价值 6000 元的在二手市场以市场价卖出的电脑

D. 用于还赌债的 4 万元

不定项选择题

1. 犯罪嫌疑人刘某涉嫌故意杀人被公安机关立案侦查。在侦查过程中，侦查人员发现刘某行为异常。经鉴定，刘某属于依法不负刑事责任的精神病人，需要对其实施强制医疗。请回答第（1）~（2）题。

（1）关于有权启动强制医疗程序的主体，下列选项正确的是（   ）。
A. 公安机关
B. 检察院
C. 法院
D. 刘某的监护人、法定代理人以及受害人

（2）法院审理刘某强制医疗一案，下列做法不符合法律规定的是（   ）。
A. 由审判员和人民陪审员共3人组成合议庭
B. 鉴于刘某自愿放弃委托诉讼代理人，法院只通知了刘某的法定代理人到场
C. 法院认为刘某符合强制医疗的条件，依法对刘某作出强制医疗的裁定
D. 本案受害人不服法院对刘某强制医疗裁定，可申请检察院依法提起抗诉

2. 李某（17岁）因盗窃罪被公安机关立案侦查，检察院审查起诉时，认为李某有悔罪表现，犯罪情节不严重，准备作出附条件不起诉，人民检察院的下列做法错误的是（   ）。
A. 若人民检察院作出了附条件不起诉的决定，公安机关可以复议，若意见不被接受，可以向上一级人民检察院提请复核
B. 若人民检察院作出了附条件不起诉的决定，未成年犯罪嫌疑人的法定代理人有异议的，人民检察院应当作出起诉的决定
C. 作出附条件不起诉的决定前，人民检察院根据情况，可以听取公安机关、被害人的意见
D. 若人民检察院作出了附条件不起诉的决定，被害人不服的，应当向作出附条件不起诉决定的人民检察院申诉

3. 下列关于审理未成年人刑事案件的说法，错误的是（   ）。
A. 审理未成年人的刑事案件不能适用简易程序
B. 对在开庭审理时未满18周岁的未成年人的刑事案件，一律不公开审理
C. 对未成年人刑事案件宣告判决应当公开进行
D. 在审理未成年人的刑事案件时，应当通知未成年被告人的法定代理人到场

4. 李某因涉嫌相关犯罪，被甲市检察院立案侦查后提起公诉，甲市中级人民法院受理该案后，李某脱逃，下落不明。关于李某脱逃后的诉讼程序，下列选项正确的是（   ）。
A. 李某脱逃后，法院可中止审理
B. 在通缉李某一年不到案后，甲市检察院可向甲市中级人民法院提出没收李某违法所得的申请
C. 李某的近亲属只能在6个月的公告期内申请参加诉讼
D. 在审理没收违法所得的案件过程中，李某被抓捕归案的，法院应裁定终止审理

名词解释

1. 未成年人犯罪
2. 教育、感化、挽救方针
3. 分案处理原则
4. 强制医疗制度

简答题

1. 简述未成年人案件诉讼程序的特点。
2. 简述公诉案件当事人和解程序的适用范围。
3. 简述犯罪嫌疑人、被告人逃匿、死亡案件违法所得的没收程序的适用条件。

论述题

1. 试述少年法庭进行审判的特点。
2. 试论未成年人案件诉讼程序的原则。

案例分析题

犯罪嫌疑人段某，1990年出生，甲市丁区人，自幼因患有间歇性精神分裂症而辍学在社会上流浪，由于生活无着落便经常偷拿东西。2024年3月，段某窜至丁区一小区内行窃时被事主发现，遂用随身携带的刀子将事主刺成重伤夺路逃走。此案丁区检察院以抢劫罪起诉到丁区人民法院，被害人的家属提起附带民事诉讼。丁区人民法院以抢劫罪判处段某有期徒刑10年，赔偿被害人家属3万元。段某以定性不准、量刑过重为由提起上诉。甲市中级人民法院二审中发现段某符合强制医疗条件，决定发回丁区人民法院重新审理。

丁区人民法院对段某依法进行了精神病鉴定，结果清晰表明段某患有精神分裂症，便由审判员张某一人不公开审理，检察员马某和被告人段某出庭分别发表意见。庭审后，法庭作出对段某予以强制医疗的决定。

问题：

（1）结合本案，简述强制医疗程序的适用条件。
（2）如中级人民法院直接对段某作出强制医疗决定，如何保障当事人的救济权？
（3）发回重审后，丁区人民法院的做法是否合法？为什么？
（4）发回重审后，丁区人民法院在作出强制医疗决定时应当如何处理被害人家属提出的附带民事诉讼？

综合测试题一

☑ 单项选择题（共9题，每题2分，共18分）

1. 社会主义法治公平正义的实现，应当高度重视程序的约束作用，避免法治活动的任意性和随意化。据此，下列哪一说法是正确的？（   ）
  A. 程序公正是实体公正的保障，只要程序公正就能实现实体公正
  B. 刑事程序的公开与透明有助于发挥程序的约束作用
  C. 为实现程序的约束作用，违反法定程序收集的证据均应予以排除
  D. 对复杂程度不同的案件进行程序上的繁简分流会限制程序的约束作用

2. 甲和乙因故意杀人被中级人民法院分别判处死刑立即执行和无期徒刑。甲、乙上诉后，高级人民法院裁定维持原判。关于本案，下列哪一选项是正确的？（   ）
  A. 高级人民法院裁定维持原判后，对乙的判决即已生效
  B. 高级人民法院应先复核再报请最高人民法院核准
  C. 最高人民法院如认为原判决对乙的犯罪事实未查清，可查清后对乙改判并核准甲的死刑
  D. 最高人民法院如认为甲的犯罪事实不清、证据不足，不予核准死刑的，只能使用裁定

3. 法院可以受理被害人提起的下列哪一附带民事诉讼案件？（   ）
  A. 抢夺案，要求被告人赔偿被夺走并变卖的手机
  B. 寻衅滋事案，要求被告人赔偿所造成的物质损失
  C. 虐待被监管人案，要求被告人赔偿因体罚虐待致身体损害所产生的医疗费
  D. 非法搜查案，要求被告人赔偿因非法搜查所导致的物质损失

4. 公安机关对于流窜作案、多次作案、结伙作案的重大嫌疑分子，提请批捕的时间最长为（   ）。
  A. 7日   B. 15日   C. 30日   D. 37日

5. 在刑事诉讼中，辩护人有权申请新的证人到庭。根据《刑事诉讼法》的规定，申请的时间是（   ）。
  A. 法庭审理中，判决前   B. 法庭审理后，闭庭前
  C. 法庭审理中，合议庭评议前   D. 法庭审理前

6. 一审法院宣判后，如果对刑事部分没有人提出上诉，人民检察院也没有提出抗诉，只有附带民事诉讼当事人上诉，如何确定第一审判决的生效时间？（   ）
  A. 第一审刑事部分的判决，在上诉期满后即发生法律效力
  B. 刑事部分的判决和附带民事诉讼部分的判决，在第二审人民法院作出终审裁判后发生法律效力
  C. 第一审刑事部分的判决，在上诉期满后即发生法律效力，但应当送监执行的第一审刑事被告人是第二审附带民事诉讼被告人的，第一审刑事部分的判决在第二审附带民事诉讼审结后发生法律效力
  D. 刑事部分的判决发生法律效力的时间，由第二审人民法院根据案件具体情况确定

7. 任何单位和个人发现有犯罪事实或者犯罪嫌疑人，有权利也有义务向公安司法机关（   ）。
  A. 报案   B. 上诉   C. 举报   D. 申诉

8. 甲因抢劫被某中级人民法院判处死刑缓期 2 年执行。甲在死刑缓期执行期间，如果故意犯罪，且经查证属实，依法应当执行死刑时，下列选项中正确的是（   ）。

　　A. 由原审人民法院复核　　　　　　B. 由高级人民法院核准

　　C. 由最高人民法院复核并核准　　　D. 由最高人民法院核准

9. 某市公安机关在侦查乔某盗窃一案时，需要对乔某窃得的一件文物进行鉴定，鉴定共耗费了 2 个月的时间。依照刑事诉讼法的规定，以下对这段鉴定时间的看法正确的是（   ）。

　　A. 该段鉴定时间应当记入办案期限　　B. 该段鉴定时间可以记入办案期限

　　C. 该段鉴定时间不应当记入办案期限　D. 该段鉴定时间可以不记入办案期限

多项选择题（共 9 题，每题 2 分，共 18 分）

1. 关于刑事诉讼当事人中的被害人的诉讼权利，下列哪些选项是正确的？（   ）

　　A. 撤回起诉、申请回避　　　　　　B. 委托诉讼代理人、提起自诉

　　C. 申请复议、提起上诉　　　　　　D. 申请抗诉、提出申诉

2. 在侦查阶段，不属于犯罪嫌疑人聘请的律师享有的权利的是（   ）。

　　A. 查阅、摘抄、复制与本案有关的材料

　　B. 委托鉴定人进行司法鉴定

　　C. 向证人收集证据

　　D. 向侦查机关了解犯罪嫌疑人涉嫌的罪名

3. 对于被告人的审前供述，以下说法正确的是（   ）。

　　A. 被告人及其辩护人未提供非法取证的相关线索或者证据的，可以当庭宣读、质证

　　B. 被告人及其辩护人已提供非法取证的相关线索或者证据，法庭对被告人审判前供述取得的合法性没有疑问的，可以当庭宣读、质证

　　C. 公诉人提供的证据确实、充分，能够排除被告人审判前供述属非法取得的，可以当庭宣读、质证

　　D. 对被告人审判前供述的合法性，公诉人不提供证据加以证明，或者已提供的证据不够确实、充分的，该供述不能作为定案的根据

4. 在补充侦查问题上，《刑事诉讼法》有哪些相应规定？（   ）

　　A. 检察机关在审查批捕中，对于事实不清、证据不足的，有权作出退回补充侦查的决定

　　B. 检察机关在审查起诉中，对于需要补充侦查的，可以退回公安机关补充侦查

　　C. 人民法院合议庭认为证据不足，有权决定退回检察院补充侦查

　　D. 在法庭审理中，检察人员有权建议延期审理，以便对案件补充侦查

5. 在法律规定的期限届满前不能侦查终结，经省、自治区、直辖市人民检察院批准或者决定，可以延长二个月的案件有（   ）。

　　A. 交通十分不便的边远地区的重大复杂案件

　　B. 重大的危害国家安全案件

　　C. 流窜作案的重大复杂案件

　　D. 犯罪涉及面广，取证困难的重大复杂案件

6. 可以提起附带民事诉讼的物质损失包括（   ）。

　　A. 被害人因人身权利受到犯罪侵犯而遭受的物质损失

　　B. 被害人的财物被犯罪分子毁坏而遭受的物质损失

　　C. 被害人因犯罪行为已经遭受的实际损失和必然遭受的损失

　　D. 犯罪分子非法占有、处置被害人的财产而使其遭受的物质损失

7. 人民法院对于下列哪些案件，可以适用简易程序？（   ）
A. 告诉才处理的案件
B. 被害人起诉的有证据证明的轻微刑事案件
C. 对依法可能判处 3 年以下有期徒刑、拘役、管制、单处罚金的公诉案件，事实清楚、证据充分，人民检察院建议或者同意适用简易程序的
D. 被害人有证据证明对被告人侵犯自己人身、财产权利的行为应当追究刑事责任，而公安机关或者人民检察院不予追究被告人刑事责任的案件

8. 人民法院应当为被告人指定辩护人的情形包括（   ）。
A. 被告人是聋、哑人的　　　　　　　B. 被告人是未成年人的
C. 被告人是可能被判处死刑的　　　　D. 被告人经济困难的

9. 根据《刑事诉讼法》的规定，下列关于审判监督程序的正确选项是（   ）。
A. 依照审判监督程序提审的案件，应当按照第一审程序进行审判
B. 人民法院按照审判监督程序重新审判的案件，应当另行组成合议庭进行
C. 依照审判监督程序审判案件应受"不得加重被告人的刑罚"的限制
D. 参与过本案第一审、第二审、复核程序审判的合议庭组成人员，不得参与本案的再审程序的审判

名词解释（共 4 题，每题 3 分，共 12 分）

1. 辩护权
2. 有因回避
3. 附带民事诉讼的先予执行
4. 中止审理

简答题（共 3 题，每题 9 分，共 27 分）

1. 不起诉的种类和条件。
2. 简述公安机关对于现行犯或者重大嫌疑分子先行拘留的条件。
3. 简述自诉案件审理的特点。

论述题（共 1 题，共 25 分）

试论上诉不加刑原则。

综合测试题二

☑ **单项选择题**（共10题，每题1分，共10分）

1. 某县公安局接到甲的报案，称乙、丙放火杀人，依法对报案材料进行立案前的审查。下列选项哪个是某县公安局决定立案的条件？（　　）

A. 认为有犯罪事实需要追究刑事责任　　B. 案件事实已基本查清

C. 报案人提供了充分的证据　　D. 有明确的犯罪嫌疑人

2. 根据《刑事诉讼法》的规定，辩护律师收集到的下列哪一证据应及时告知公安机关、检察院？（　　）

A. 强奸案中被害人系精神病人的证据

B. 故意伤害案中犯罪嫌疑人系正当防卫的证据

C. 投放危险物质案中犯罪嫌疑人案发时在外地出差的证据

D. 制造毒品案中犯罪嫌疑人犯罪时刚满16周岁的证据

3. 人民检察院审查起诉时，发现共同犯罪的部分犯罪嫌疑人在逃。对此案件，人民检察院应当如何处理？（　　）

A. 中止诉讼

B. 将案件退回公安机关处理

C. 在公安机关采取措施将在逃的犯罪嫌疑人抓获后进行审查起诉

D. 应要求公安机关采取措施保证在逃的犯罪嫌疑人到案后另案移送审查起诉，对在案的犯罪嫌疑人的审查起诉应当照常进行

4. 王某系聋、哑人，因涉嫌盗窃罪被提起公诉。关于本案，下列哪一选项是正确的？（　　）

A. 讯问王某时，如有必要时可通知通晓聋、哑手势的人参加

B. 王某没有委托辩护人，应通知法律援助机构指派律师为其提供辩护

C. 辩护人经通知未到庭，经王某同意，法院决定开庭审理

D. 因事实清楚且王某认罪，实行独任审判

5. 姜某因涉嫌盗窃一名外国人2000元而被检察机关依法提起公诉，由于本案的被害人是一名外国人，本案的管辖法院应当是（　　）。

A. 基层人民法院　　B. 中级人民法院　　C. 高级人民法院　　D. 最高人民法院

6. 对于被判处管制1年、剥夺政治权利1年的罪犯，人民法院应当将判决书送交执行的机关是（　　）。

A. 看守所　　B. 公安机关

C. 监狱　　D. 罪犯所在的居民委员会

7. 一审法院宣判后，如果对刑事部分没有人提出上诉，人民检察院也没有提出抗诉，只有附带民事诉讼当事人上诉，如何确定第一审判决的生效时间？（　　）

A. 第一审刑事部分的判决，在上诉期满后即发生法律效力

B. 刑事部分的判决和附带民事诉讼部分的判决，在第二审人民法院作出终审裁判后发生法律效力

C. 第一审刑事部分的判决，在上诉期满后即发生法律效力，但应当送监执行的第一审刑事被告人是第二审附带民事诉讼被告人的，第一审刑事部分的判决在第二审附带民事诉讼审结后发生法律效力

D. 刑事部分的判决发生法律效力的时间，由第二审人民法院根据案件具体情况确定

8. 依照我国《刑事诉讼法》的规定，公安机关对于已经超过追诉时效期限的案件（   ）。

A. 应当不起诉　　　　　　　　　　　B. 应当撤销案件

C. 应当终止审理　　　　　　　　　　D. 应当宣告无罪

9. 以下适用简易程序的是（   ）。

A. 比较复杂的共同犯罪案件　　　　　B. 被告人、辩护人作无罪辩护的案件

C. 告诉才处理的案件　　　　　　　　D. 被告人是盲、聋、哑人的案件

10. 某被告人的行为已构成犯罪，第一审人民法院在审理过程中考虑到他有自首和立功的情节，判决免除刑事处罚。因为该被告在押，法庭宣判后，应如何处理？（   ）

A. 可以立即将其释放　　　　　　　　B. 不能立即释放

C. 应当立即释放　　　　　　　　　　D. 过上诉、抗诉期后才能释放

多项选择题（共5题，每题4分，共20分）

1. 常某因故意杀人罪被起诉至人民法院，辩护人认为本案事实清楚，证据确实、充分，定性准确，辩护人没有异议。常某于是当庭拒绝辩护人继续为其辩护。对此，下列哪些说法是正确的？（   ）

A. 人民法院不应准许

B. 人民法院应当准许

C. 拒绝辩护人为其辩护是被告人的权利

D. 被告人可以另行委托辩护人

2. 提起公诉的条件之一是犯罪嫌疑人的犯罪事实已经查清。下列选项中，哪些可以确认为犯罪事实已经查清？（   ）

A. 属于单一罪行的案件，查清的事实足以定罪量刑或者与定罪量刑有关的事实已经查清，不影响定罪量刑的事实无法查清的

B. 属于数个罪行的案件，部分罪行已经查清并符合起诉条件，其他罪行无法查清的，但应以已经查清的罪行起诉

C. 无法查清作案工具、财物去向，但有其他证据足以对被告人定罪量刑的

D. 证人证言、犯罪嫌疑人供述和辩解与被害人陈述的内容中主要情节一致，只有个别情节不一致且不影响定罪的

3. 以下属于影响量刑的情节的是（   ）。

A. 被害人有无过错及过错程度

B. 被告人是否取得被害人或者被害人近亲属谅解

C. 被告人的近亲属是否协助抓获被告人

D. 被告人平时表现及有无悔罪态度

4. 未成年人小天因涉嫌盗窃被检察院适用附条件不起诉。关于附条件不起诉可以附带的条件，下列哪些选项是正确的？（   ）

A. 完成一个疗程四次的心理辅导

B. 每周参加一次公益劳动

C. 每个月向检察官报告日常花销和交友情况

D. 不得离开所居住的县

5. 下级人民法院接到最高人民法院执行死刑的命令后，应当在 7 日以内交付执行。但是发现有下列哪些情形之一的，应当停止执行，并且立即报告最高人民法院，由最高人民法院作出裁定？（　　）

A. 罪犯是正在哺乳自己未满周岁婴儿的妇女
B. 在执行前发现判决可能有错误的
C. 在执行前罪犯揭发了一起查证核实的重大贩毒案
D. 罪犯正在怀孕的

名词解释（共 4 题，每题 7 分，共 28 分）

1. 强制措施
2. 非常上诉
3. 死刑核准权
4. 移送管辖

简答题（共 2 题，每题 11 分，共 22 分）

1. 刑事拘留与逮捕有何区别。
2. 简述取保候审的适用对象。

论述题（共 1 题，共 20 分）

试述间接证据的特点和运用。

附录一　刑事诉讼法学习所涉及的主要法律文件

1. 《全国人民代表大会常务委员会关于司法鉴定管理问题的决定》（2015年4月24日）[①]
2. 《中华人民共和国律师法》（2017年9月1日）
3. 《中华人民共和国人民陪审员法》（2018年4月27日）
4. 《中华人民共和国刑事诉讼法》（2018年10月26日）
5. 《中华人民共和国人民法院组织法》（2018年10月26日）
6. 《中华人民共和国法律援助法》（2021年8月20日）
7. 《中华人民共和国监察法》（2024年12月25日）
8. 《中华人民共和国监察法实施条例》（2025年6月1日）
9. 《公安机关办理刑事案件程序规定》（2020年7月20日）
10. 《最高人民法院、最高人民检察院、公安部、国家安全部关于取保候审若干问题的规定》（2022年9月5日）
11. 《办理法律援助案件程序规定》（2023年7月11日）
12. 《最高人民法院关于进一步加强合议庭职责的若干规定》（2010年1月11日）
13. 《最高人民检察院、公安部关于刑事立案监督有关问题的规定》（2010年7月26日）
14. 《最高人民法院关于规范上下级人民法院审判业务关系的若干意见》（2010年12月28日）
15. 《最高人民检察院关于适用〈关于办理死刑案件审查判断证据若干问题的规定〉和〈关于办理刑事案件排除非法证据若干问题的规定〉的指导意见》（2010年12月30日）
16. 《最高人民法院关于死刑缓期执行限制减刑案件审理程序若干问题的规定》（2011年4月25日）
17. 《最高人民法院关于审理人民检察院按照审判监督程序提出的刑事抗诉案件若干问题的规定》（2011年10月14日）
18. 《最高人民法院、最高人民检察院、公安部、国家安全部、司法部、全国人大常委会法制工作委员会关于实施刑事诉讼法若干问题的规定》（2012年12月26日）
19. 《人民检察院办理未成年人刑事案件的规定》（2013年12月19日） 20.《最高人民法院关于减刑、假释案件审理程序的规定》（2014年4月23日）
21. 《人民检察院办理减刑、假释案件规定》（2014年8月1日）
22. 《最高人民法院关于办理死刑复核案件听取辩护律师意见的办法》（2014年12月29日）
23. 《最高人民法院、最高人民检察院、公安部、国家安全部、司法部关于依法保障律师执业权利的规定》（2015年9月16日）
24. 《最高人民法院、最高人民检察院、公安部关于办理刑事案件收集提取和审查判断电子数据若干问题的规定》（2016年9月9日）
25. 《最高人民法院关于办理减刑、假释案件具体应用法律的规定》（2016年11月14日）
26. 《最高人民法院关于适用〈中华人民共和国人民陪审员法〉若干问题的解释》（2019年4月24日）

[①] 本附录法律文件的日期为公布时间或最后一次修订、修正日期。

27.《最高人民法院关于办理减刑、假释案件具体应用法律的补充规定》(2019年4月24日)
28.《人民检察院刑事诉讼规则》(2019年12月30日)
29.《最高人民法院、最高人民检察院、公安部、国家安全部、司法部关于规范量刑程序若干问题的意见》(2020年11月5日)
30.《最高人民法院关于适用〈中华人民共和国刑事诉讼法〉的解释》(2021年1月26日)

附录二 参考文献及推荐书目

1. 《刑事诉讼法学》编写组：《刑事诉讼法学》（第四版），高等教育出版社 2022 年版。
2. 陈光中主编：《刑事诉讼法》（第七版），北京大学出版社、高等教育出版社 2021 年版。
3. 樊崇义主编：《刑事诉讼法学》（第五版），法律出版社 2020 年版。
4. 龙宗智、杨建广主编：《刑事诉讼法》（第六版），高等教育出版社 2021 年版。
5. 姚莉主编：《刑事诉讼法学》（第三版），中国法制出版社 2023 年版。
6. 国家法官学院、最高人民法院司法案例研究院编：《刑事案例裁判规则理解与适用》（中国法院年度案例集成丛书），中国法制出版社 2023 年版。
7. 国家法官学院、最高人民法院司法案例研究院编：《中国法院 2025 年度案例·刑事案例一》，中国法治出版社 2025 年版。
8. 国家法官学院、最高人民法院司法案例研究院编：《中国法院 2025 年度案例·刑事案例二》，中国法治出版社 2025 年版。
9. 国家法官学院、最高人民法院司法案例研究院编：《中国法院 2025 年度案例·刑事案例三》，中国法治出版社 2025 年版。
10. 国家法官学院、最高人民法院司法案例研究院编：《中国法院 2025 年度案例·刑事案例四》，中国法治出版社 2025 年版。
11. 左卫民、周长军：《刑事诉讼的理念》（第三版），北京大学出版社 2022 年版。
12. 季卫东：《法律程序的意义》，中国法制出版社 2004 年版。
13. 王以真主编：《外国刑事诉讼法学》（新编本），北京大学出版社 2004 年版。
14. 陈卫东主编：《刑事诉讼法学原理与案例教程》，中国人民大学出版社 2008 年版。
15. 飞跃考试辅导中心编：《2025 国家统一法律职业资格考试最后冲刺仿真模拟测试（六套卷）》，中国法治出版社 2025 年版。
16. 飞跃考试辅导中心编：《2025 国家统一法律职业资格考试刷透十年客观题（2013—2022）》，中国法治出版社 2025 年版。
17. 法规应用研究中心编：《刑事诉讼法一本通》（第九版），中国法制出版社 2022 年版。
18. 中国法制出版社编：《中华人民共和国刑事诉讼法：案例注释版》（双色大字本．第六版），中国法制出版社 2024 年版。